Printed by BoD"in Norderstedt, Germany

9 789358 729283

کاغذی ہے پیرہن

(مزاحیہ مضامین)

ڈاکٹر رشید موسوی

© Dr. Rasheed Mosavi

Kaghazi hai Pairahan *(Humorous Essays)*

by: Dr. Rasheed Mosavi

Edition: June '2024
Publisher :
Taemeer Publications LLC (Michigan, USA / Hyderabad, India)

ISBN 978-93-5872-928-3

مصنفہ یا ناشر کی پیشگی اجازت کے بغیر اس کتاب کا کوئی بھی حصہ کسی بھی شکل میں بشمول ویب سائٹ پر اَپ لوڈنگ کے لیے استعمال نہ کیا جائے۔ نیز اس کتاب پر کسی بھی قسم کے تنازع کو نمٹانے کا اختیار صرف حیدرآباد (تلنگانہ) کی عدلیہ کو ہوگا۔

© ڈاکٹر رشید موسوی

کتاب	:	**کاغذی ہے پیرہن** (مزاحیہ مضامین)
مصنفہ	:	**ڈاکٹر رشید موسوی**
صنف	:	طنز و مزاح
ناشر	:	تعمیر پبلی کیشنز (حیدرآباد، انڈیا)
سالِ اشاعت	:	۲۰۲۴ء
صفحات	:	۱۴۰
سرورق ڈیزائن	:	تعمیر ویب ڈیزائن

کاغذی ہے پیرہن ڈاکٹر رشید موسوی

ترتیب

- ڈاکٹر رشید موسوی ، ایک تعارف - جناب بھارت چند کھنّہ ۵
- ڈاکٹر رشید موسوی - جناب مُجتبیٰ حُسین ١٦
- کچھ اپنے بارے میں - ڈاکٹر رشید موسوی ٢١

مضامین :

- کاغذی ہے پیرہن ۲۲
- طنز کیا چیز ہے ، مزاح کیا ہے ۳۲
- مالن بی ۳۸
- کُتّے ۴۶
- کیا کیا نہ کیا شہرت کے لئے ۵۳
- برسی ٦٠

○	اس برس کے ہوں دن پچاس ہزار	76
○	رہیے اب ایسی جگہ چل کر	72
○	چادر گھاٹ کا پل	77
○	چندا جا رے جا	82
○	اللہ کے نام پر	84
○	گالیاں کھا کے بے مزہ نہ ہوا	93
○	ایک لڑکی	98
○	ہڑتال	102
○	ایک خط جو پوسٹ نہ ہو سکا	109
○	تکلے کا تعویذ	113
○	مفت ہوئے بدنام	118
○	تو پھر کیا کرے کوئی	123
○	اللہ میاں کی گائے	131
○	لوتھر صاحب	136

۵

ڈاکٹر رشید موسوی ۔ ایک تعارف

جب سے مجھے ڈاکٹر رشید موسوی سے سابقہ پڑا ہے، حیران ہی سا رہا ہوں شروعات اس کی کچھ اس طرح ہوئی۔ کسی اہم ادبی اجلاس کے کنوینر کی حیثیت سے ڈاکٹر رشید موسوی نے ایک خط کے ذریعہ مجھ سے خواہش کی کہ اس جلسہ میں اپنا کوئی مضمون میں پڑھوں خط پڑھ کر ڈاکٹر رشید موسوی کا جو تصوّر میرے ذہن میں پیدا ہوا وہ ایک ایسے لحیم و شحیم، ٹھوس مرد مون کا تھا جس کے بڑے بڑے دانتوں پر موٹے موٹے ہونٹوں کا تنگ غلاف چڑھا ہوا ہو، چہرے پر چھدری داڑھی جس کے اندر سے سیتلا کے داغ جھانک رہے ہوں، جس کی آواز کرخت اور جو اپنی رات کی خراٹے دار نیند کا خمار، چار انڈوں، پانچ پراٹھوں، پاؤ سیر چاول کی قیمہ کھچڑی کے ساتھ تین گلاس بہت میٹھی چائے کے گلے میں انڈیل کر اتارتا ہو۔ (یہ اُن دنوں کی بات ہے، جب یہ چیزیں نایاب نہیں ہوئی تھیں اور لوگوں کے ہاضمے دُرست تھے) اور جو اپنے مریضوں کا علاج دوائی کے علاوہ اپنی دھونس اور دھول سے کرتا ہو، جو اپنے جسم کو ڈھانپنے کے لئے ڈھیلے ڈھالے پائجامے پر بہت ڈھیلی شیروانی اوڑھتا ہو۔

پھر جب حکم کی تعمیل میں ڈاکٹر موسوی کے تصوّر کی تصویر سے سہما، دابلسہ گاہ

٦

میں پہنچا اور وہاں اپنے تخیل کے ڈاکٹر موسوی نظر نہ آئے تو منتظمین سے پوچھا کہ کیا ڈاکٹر صاحب موصوف ابھی تشریف نہیں لائے ۔ یہ سُن کر ایک صاحب نے پاس کھڑی ایک خاتون کی طرف اشارہ کیا ۔ میں نے کہا ، صاحب میں ڈاکٹر رشید موسوی صاحب کے بارے میں دریافت کر رہا تھا ۔ انھوں نے کہا یہی ڈاکٹر رشید موسوی ہیں ۔ اب آپ میری حیرت کا اندازہ کیجئے ۔ یہ حیرت کچھ ایسی ہی تھی جیسی پارک میں بنچ پر بیٹھے ہوئے ایک شخص کو پاس بیٹھے دوسرے شخص کے جواب سے ہوئی تھی ۔ اس نے باغ میں کھڑی ایک لڑکی کی طرف اشارہ کرتے ہوئے کہا تھا کہ

" دیکھئے نا اس لڑکی نے اپنی ہئیت کیا بنا رکھی ہے ۔ دوسرے شخص نے جواب دیا کہ " معاف فرمائیے ، وہ لڑکی نہیں لڑکا ہے " ۔ جب یہ پوچھا گیا کہ آپ کس طرح یقین کے ساتھ ایسا کہہ سکتے ہیں تو جواب ملا ۔ " وہ میرا لڑکا ہے " اس پر پہلے شخص نے افسوس ظاہر کرتے ہوئے کہا کہ کیا زمانہ آگیا ہے ، اپنے لڑکے کی یہ ہئیت دیکھ کر بحیثیت باپ آپ کو کس قدر دُکھ نہیں ہوتا ہوگا ! جواب میں یہ سُن کر کہ " معاف فرمائیے آپ پھر غلط فہمی کا شکار ہوئے ہیں ۔ میں لڑکے کا باپ نہیں ، ماں ہوں ۔ " جواب گزیدہ شخص فرطِ حیرت سے بیہوش ہوتے ہوتے بچا تھا ۔ "

بہر حال کچھ ایسی ہی کیفیت میری تھی ۔ پاس ہی ایک نہایت قبول صورت خاتون کھڑی تھیں ۔ سڈول جسم ، بڑی بڑی آب دار آنکھیں ، نکھری رنگت ، پرانی ہندوستانی وضع کی خوب صورت شریفانہ کنگھی چوٹی ، گہرے رنگ کی ساڑی میں ملبوس لبوں پر للکارتی مسکراہٹ جو غالباً خود اعتمادی ، علم کی روشنی اور میدان ادب میں مخصوص مقام کے حصول سے پیدا ہو رہی تھی ۔

میں نے پوچھا ، کیا آپ ہی رشید موسوی ہیں ـــــ ؟ کہنے لگیں ۔ " جی ہاں " ۔

میں نے کہا " آپ کے خط سے میں نے آپ کو مرد سمجھا تھا ۔ کہنے لگیں " کیوں " ـــــ ؟ ۔

میں نے کہا ۔ " نام سے ۔ پہلے ہارون رشید کا ذکر سنا تھا ۔ ایک رشید صاحب اور حیدرآباد

۷

میں قریشی ہیں، وہ بھی نہایت جری قسم کے مرد ہیں۔ مشہور طنز نگار رشید صدیقی اور پھر ہر باپ کی اولاد نرینہ فرزند رشید ہی تو کہلاتی ہے۔" کہنے لگیں : اگر آپ مجھے مرد ہی سمجھنا چاہتے ہیں تو مجھے کوئی اعتراض نہیں۔ میں نے فوراً کہا : خدا نہ کرے۔ آپ ایسی ہی بھلی ہیں اور اب خدارا کہیں کسی کے کہنے پر اپنی صنف تبدیل کرنے کے چکّر میں نہ پڑ جایئے گا۔ !

پہلی مرتبہ ان سے مل کر حیران ہونے کے بعد اب جب کہ وہ اپنے ادبی شہ پاروں کا مجموعہ شائع کروا رہی ہیں اور مجھ سے خواہش کی گئی ہے کہ میں ان کی کتاب پر مقدمہ لکھوں تو یقین مانئے کہ میں پھر ایک بار ویسا ہی حیران ہوا ہوں جیسا کوئی شخص جس کو آجکل کہیں سے الٰہ دین کا طلسمی چراغ مل گیا ہو اور اس کے رگڑنے اور جن کے نمودار ہونے پر اُس کے اِس جواب سے حیران ہو کہ حکم کی تعمیل کرنے سے پہلے وہ ملک کے لیبر کے قوانین پڑھ کر اس بات کا یقین کر لینا چاہتا ہے کہ اُس کے کام کے اوقات کیا ہوں گے، اور اس کو اَوور ٹائم کس شرح سے دیا جائے گا۔ اب یہ بات الگ ہے کہ متحیّر ہو کر شخصِ مذکور جن صاحب سے یہ استفسار کرنے لگے کہ بیٹا باتیں تو بڑی بڑی بنا رہے ہو، پہلے یہ بتاؤ کہ تمھارا راشن کارڈ کہاں ہے۔ اور یہ ایک ایسا سوال ہے کہ جس کو سُن کر جن صاحب چراغ میں واپس چلے جانے میں ہی اپنی بھلائی سمجھیں گے !

ڈاکٹر رشید موسوی نے بی۔ اے اور پھر اردو میں ایم، اے کے امتحانوں میں امتیازی حیثیت سے کامیابی حاصل کی۔ اس کے بعد تحقیقی مقالہ پیش کرنے پر ان کو پی۔ ایچ۔ ڈی کا اعزاز حاصل ہوا۔ ان کی کتاب پر مجھ جیسے کُندۂ ناتراشیدہ کا مقدمہ لکھنے کی جرأت کرنا ویسا ہی ہوگا، جیسا کسی اَن پڑھ کو اسمبلی کے لئے منتخب ہو جانے کے بعد وزارت کے عہدہ کے حصول کے لئے کوشش کرنے سے باز رکھنے، یا کسی بیچ سڑک چہل قدمی کرنے والے بال بجھکّڑ کو محض ہارن کی آواز کی مدد سے ہٹا دینے کی کوشش کرنا۔ یہ ایک عام اصول ہے کہ مصنّف کی کتاب پر وہی شخص مقدمہ لکھنے کی جسارت کرسکتا ہے جو مصنف سے بڑھ چڑھ کر قابل ہو۔

۸

ڈاکٹر رشید موسوی کے زبانِ اُردو پر عبور اور اس زبان کے تعلق سے جو مقام اُردو ادب میں اُن کو حاصل ہے، اُس کی بنا پر مناسب تو یہ ہوتا کہ کوئی مستند دانشور، کوئی بال کی کھال نکالنے والا ماہرِ مقدمہ کے لئے قلم اٹھاتا۔ ان کی زبان کی شیرینی کو اُجاگر کرتا ان کے خیالات کے نشیب و فراز سے پڑھنے والوں کو واقف کراتا۔ ان کے نظریات زندگی حیات اور موت کی گہرائیوں پر روشنی ڈالتا۔ ان کی فکر و دانش اور طرز بیان کی باریکیوں اور خوبیوں پر رقم طراز ہوتا۔ محاوروں کے صحیح استعمال، الفاظی بندش کے اجمال پر تبصرہ کرتا۔ مگر اسے کیا کیا جائے کہ ڈاکٹر صاحبہ کا حکم ہے کہ ان کی کتاب کا مقدمہ یا تعارف خاکسار ہی لکھے۔ اس لئے مجھے افسوس ہے کہ ان کی کتاب پر کسی عالم و فاضل کے پیش لفظ سے جو اضافہ اس کی وقعت، اہمیت اور شان میں ہو سکتا تھا، وہ اس سے محروم رہے گی اور اس کی ذمہ داری بالکلیہ مصنف کے سر ہوگی۔

میں اس بات کا اعتراف کئی مرتبہ کر چکا ہوں کہ میں اہل زبان نہیں۔ بلکہ حقیقت یہ ہے کہ میں ایسی زبان لکھتا ہوں جو اگر کسی اہلِ زبان کے ہتھے چڑھ جائے تو اس کی کیفیت اُس لڑکے جیسی ہو جاتی ہے جسے ایک لٹو مل جائے اور جس کو وہ مختلف طریقوں سے اور ہر ممکن زاویہ سے زمین پر پٹخ پٹخ کر پھرانے میں اپنی مہارت کا مظاہرہ کرنے لگے۔ اور یہ اہل زبان میرے مسودے کو گردن سے پکڑ پکڑ کر فرطِ انبساط سے اس کی ایسی دُرگت بنا دیتا ہے کہ صاف صاف لکھی ہوئی تحریر دُور سے کسی جدید ترین مصوّر کا شاہکار نظر آتی ہے، یا پھر شہر کی کسی گنجان آبادی کا بلدیہ کا نقشہ جس میں سڑکیں، آب رسانی کے نل اور نالیاں مختلف رنگوں کی لکیروں کے ذریعہ بتائے گئے ہوں۔ ان سب عیوب کے باوجود میں صرف ایک خصوصیت کی وجہ سے خود کو مصنف سے برتر سمجھتا ہوں اور وہ ہے عمر۔ اور اس بِنا پر مقدمہ تو نہیں بلکہ رشید موسوی صاحبہ کا تعارف تحریر کرنے کی کوشش کر رہا ہوں۔

ڈاکٹر رشید موسوی علم کی دولت سے آراستہ ہو کر آجکل عورتوں کے مشہور

ریڈی کالج، حیدرآباد، کے شعبۂ اردو کی صدر ہیں۔ کالجوں میں مختلف مضامین کے شعبہ جات کے صدور اکثر و بیشتر ڈاکٹر رشید موسوی کے عکس کے برعکس، خراب و خستہ جسم اور بڑی پختہ عمر کے ہوتے ہیں۔ یہ پختگی صدر شعبہ کے درجہ پر پہنچنے کے لئے جو وقت، راہ میں حائل دشواریوں کو دور کرنے، مثلاً اقوام درج فہرست کے لئے مختص کی گئی جگہوں کی کھائیاں عبور کرنے وغیرہ میں، ایڑیاں رگڑتے ہوئے گزارنا پڑتا ہے، اس سے پیدا ہوجاتی ہے۔ آنکھوں پر عینک آکر بسیرا کرلیتی ہے۔ مزاج میں کثرت اولاد سے، جو ہر ہندوستانی کا پیدائشی حق ہے، اور اپنے شعبہ کے معیار کو طلبا کی خواہش کے خلاف اونچا رکھنے کی عبث کوشش کرنے میں، چڑچڑاپن پیدا ہوجاتا ہے، اور اس بدمزاجی میں رہی سہی کسر اشیائے خوردنی کی کمیابی اور مہنگائی سے پیدا ہوجاتی ہے ۔ ڈاکٹر رشید موسوی صدر شعبہ کی اِس تصویر سے بالکل مختلف ہیں۔ دیکھنے میں طالب علم معلوم ہوتی ہیں کیونکہ ان کے چہرے پر علم کے نور کے ساتھ ساتھ جواں سالی کی تازگی اور شگفتگی ہے طبیعت باغ و بہار ——— میں نے ان کے چہرے پر کبھی تیوریاں نہیں دیکھیں ——— کیوں نہ ہو، وہ زندہ دلان حیدرآباد کی نائب صدر رہی ہیں، اور بہت سے مسائل میں جو اس ادارے کو سلجھانے ہوتے ہیں۔ ان کی تجاویز اور مشورے نہایت ٹھوس، مفید اور قابل قبول و عمل رہے ہیں۔ اس بنا پر میں اندازہ لگا سکتا ہوں کہ وہ کیسی خوبی سے کالج کے شعبۂ اردو کے فرائض انجام دیتی ہوں گی۔

مزاج میں بے حد انکساری ہے۔ اگر ایسا نہ ہوتا تو وہ یہ تعارف مجھ سے نہ لکھوائیں۔ اپنے متعلق، اپنی ڈاکٹریٹ کے بارے میں یا اپنے عہدے کا ذکر انھوں نے اپنی زبان سے کبھی نہیں کیا۔ کسی جلسہ، کسی اجتماع اور کسی محفل میں انھوں نے کبھی یہ کوشش نہیں کی کہ اپنی موجودگی کا احساس دوسروں کو کرائیں اور اپنی بڑائی جتلائیں۔ فی زمانہ انسانی کردار کی یہ صفت قریب قریب مفقود ہوچکی ہے۔ اکثر و بیشتر ہوتا یہ ہے کہ کسی محفل میں کوئی وی۔ آئی۔ پی ضرور مدعو کیا جاتا ہے اور متعلقہ اور غیر متعلقہ اشخاص جو وہاں

۱۰

ہوتے ہیں۔ ان کی یہی کوشش ہوتی ہے کہ کسی ترکیب سے محفل کے مرکزی کردار کے گرد طواف کرتے رہیں، اور اس کوشش میں کسی کو پرے دھکیلتے یا کسی کا پیر روندتے ہوئے ان کو اس بات کا ذرّہ برابر بھی احساس نہیں ہوتا کہ وہ کیا کر رہے ہیں، اور خصوصاً تصویر کشی کے موقعہ پر تو بعض حضرات اِس انداز سے انسانوں کے دائرے کو چیرتے ہوئے کیمرے کے رُخ کے سامنے پہنچ جاتے ہیں، جس طرح تار پیڈو پانی کو چیرتا ہوا اپنے نشانے کی طرف جاتا ہے۔ ڈاکٹر رشید موسوی کو کسی جلسہ میں ڈائس پر بٹھانے کے لئے تلاش کرنا پڑتا ہے اور وہ ملتی ہیں کسی کونے کی نشست پر اپنے وجود کو چھپائے، خاموش جلسہ کی کارروائی شروع ہونے کی منتظر۔ اپنی صنف کے اعتبار سے بھی اپنی نمائش نہ کرنا بڑی خوبی کی دلیل اور اُن کی خودداری کے شدید احساس کا ثبوت ہے۔

ڈاکٹر موصوفہ نے ڈاکٹریٹ کے لئے "دکن میں مرثیہ اور عزاداری" کے موضوع پر مقالہ لکھا تھا جو کتاب کی شکل میں شائع ہو چکا ہے۔ اس موضوع پر غالباً یہ منفرد تحقیقی تصنیف ہے۔ جسے اُردو ادب کا سرمایہ سمجھنا چاہیئے۔ اِس کتاب کو اُتر پردیش اُردو اکیڈمی نے ایوارڈ بھی عطا کیا تھا۔

ان کی نئی تصنیف ان کے بیس ۲۰ مضامین کا مجموعہ ہے، جو اُنھوں نے پچھلے چند سالوں میں رقم کئے ہیں۔ تقریباً سب کے سب مضامین کے موضوع ہلکے پھلکے ہیں مگر ان کی آڑ میں بڑے پتے کی باتیں اُجاگر ہوتی ہیں۔ کہیں کہیں مزاح نہایت لطیف معمولی مزاح، جس کے ردّ عمل کے طور پر بے تحاشہ قہقہوں سے نقلی دانتوں والوں کے چوکڑے اپنی جائے رہائش سے خارج ہو جانے کے خطرے میں نہیں پڑتے بلکہ زیر لب مسرت انگیز تبسّم پیدا ہوتا ہے، اور مسکراہٹیں کھلنے لگتی ہیں۔ اس مزاح کا تاثر کچھ ایسا ہوتا ہے، جیسے شدید گرمی کے موسم میں مکان کی چھت پر چاندنی رات میں کوئی لیٹا ہوا ور ہوا کے ہلکے ہلکے جھونکے دن کی گرمی سے جھلسے ہوئے جسم کے لئے تازگی، شگفتگی اور راحت کے سامان پیدا کریں اور انسان نیند کی حیات بخش

آغوش میں کھو جائے۔

مگر جہاں مصنف نے طنز کی تلوار بے نیام کی ہے، اس کے وار بھر پور ہیں اور وہ بھی ٹکسالی زبان میں کھنکھناتے ہوئے محاوروں کی تال پر۔ ان کی تحریروں میں ان کے کلاسیکی ادب کے گہرے مطالعہ کا اثر پھوٹ پھوٹ پڑتا ہے، اکثر و بیشتر جملے محاوروں سے مزّین، استعمال کی خوبیوں کے ساتھ ساتھ، اُس مٹھاس اور اُن لذتوں کی یاد بھی تازہ کرتے ہیں، جو پُرانے اساتذہ نے اپنے اوّلین استعمال سے پیدا کی تھیں۔

چادر گھاٹ پُل کی ناہمواری کا بیان، اسی عنوان کے مضمون میں سُنیئے۔

"اِس پل کے نشیب و فراز کو عبور کرنے کے جو عادی ہو جاتے ہیں، یقین ہے کہ زندگی کے نشیب و فراز کی ان کے نزدیک کوئی اہمیت نہیں ہوتی ہوگی" اور انسان پُل عبور کرنے سے دھکوں، گڑھوں اور ہچکولوں کا اس قدر خوگر ہو جاتا ہے کہ اگر کسی دن یہ دھکے کھانے کو نہ ملیں تو اُس کا بدن بھی عادی افیونیوں کی طرح ایک دن افیون نہ ملنے پر ٹوٹتا محسوس ہوتا ہے"۔ اِس پُل پر رِکشا میں بیٹھ کر جانے والے اس کی نیچی چھت تلے " با اندازِ خوں چکیدن سر نگوں " رہتے ہیں۔

مجھے علم ہے کہ اس پُل کی توسیع کا کام شبِ فراق کی طرح بہت دراز رہا تھا اس دوران، کہتی ہیں " پُل نیم تاریکی میں رہتا تھا۔ بغیر لائیٹ سائیکل والوں کو پولیس کانسٹبل (گڑھے میں چھپا) نظر نہیں آتا تھا۔" اس لئے جب تک پُل کی لائٹ بند رہی، "پولیس والوں کے گھر میں گھی کے چراغ جلا کرتے تھے"۔

ان چند جملوں سے غالب کے اشعار ہچکولے کھاتے ہوئے، چادر گھاٹ پُل پر سے گذرتے نظر آتے ہیں۔ اگرچہ پُل کے اندھیرے اور اس کے گڑھوں میں چھپے ہوئے، کانسٹبل بغیر لائٹ سائیکل چلانے والوں کو نظر نہیں آتے اور جب پکڑے جاتے ہیں تو پولیس والوں کے گھروں میں بادلِ ناخواستہ گھی کے چراغ جلنے کا اہتمام کر دیتے ہیں، مگر سائیکل کا کیروسین کا لیمپ جلانے پر آمادہ نہیں ہوتے۔ یہ ہماری قوم کے موجودہ کردار کی ایک تصویر ہے۔ ! !

۱۲

"اِسس برس کے ہوں دن پچاس ہزار" میں غالب صدی کا سب سے بڑا فائدہ جو بتلایا گیا ہے یہ ہے کہ لوگوں کو معلوم ہوگیا کہ غالب بقیدِ حیات نہیں ۔ ! مگر اپنے جشن کے لئے دوبارہ زندہ ہو گئے ہیں ۔ !!

غالب صدی منانے کے دوران کئی قسم کے منصوبے بنائے گئے تھے ۔ ایک جگہ زمین حاصل کر کے غالب کالونی بنانے کا انتظام کیا جاتا ہے مگر اِس میں بسنے کے لئے شاعروں اور ادیبوں کے لئے جگہ نہیں ۔ چنانچہ مصنّف کا مشورہ ہے کہ بقول غالب اِن شاعروں کے لئے بے در و دیوار سا ایک گھر عرش پر بنانے کی تجویز ہو ۔ لیکن جب تک وہ گھر نہ بنے یہ لوگ غرقِ دریا رہیں ۔

غرض غالب صدی کے دوران یارانِ نکتہ دان نے اپنے اپنے ہاتھ رنگ لئے اور غالب صدی انجام کو پہنچی ۔ مگر مصنّف پوچھتی ہیں ۔ "اور اب اس کے بعد ؟" اور میں پوچھتا ہوں ۔ ہے اس کا کچھ جواب آپ کے پاس ۔ ؟

ایک اور مضمون ہے ۔ "کیا کیا نہ کیا شہرت کے لئے ۔" اس میں آجکل کے ان لوگوں پر کڑی طنز ہے جو دولت تو کما چکے ہیں مگر بہر صورت مشہور ہونا چاہتے ہیں اور حصولِ مدّعا کے لئے نیکی کرنے سے بھی دریغ نہیں کرتے ۔ شہرت حاصل کرنے کے میدانوں میں سیاسی بازی گاہ ہے ، جس میں عوام کو مشتعل کرنا ۔ دھرنے دھرنا ۔ خود سوزی کی دھمکیاں ، نیتاؤں کی مدح سرائی ۔ نشہ بندی کے جلسوں میں کاک ٹیل پارٹیاں ہوتی ہیں اور زبانِ انگریزی کے خلاف مہم چلانے کے لئے انگریزی میں دھواں دھار تقریریں کی جاتی ہیں ۔

اگر اِس بازی گاہ میں قدم نہ جمیں تو ادب و شعر کے میدان میں کود پڑتے ہیں ۔ حلیہ بگاڑ کر ، بال بڑھانے کے بعد ، ادبی اور شعری موڈ خود پر طاری کئے رکھتے ہیں ۔ میلے کچیلے کپڑے پہنتے اور ہاتھ میں دو چار موٹی کتابیں رکھتے ہیں ۔ بڑے بڑے ادیبوں اور شاعروں کے مرنے کے انتظار میں جیئے جاتے ہیں کہ ان کے مرنے کے بعد ان سے قریبی تعلق کی تشہیر کریں ۔ ! جن کی دال اس میدان میں بھی نہیں گلتی وہ شاہی خاندان

سے اپنا رشتہ جوڑ لیتے ہیں۔ گھر اندر سے اُجڑا ہوتا ہے مگر گیٹ پر نام "گلستاں" ہوتا ہے۔ ایسے ہی ایک صاحب ستاروں سے آگے کی دُنیا میں شہرت حاصل کرنے کی کوشش میں سوداؔ کے پڑوس کے خارش زدہ گھوڑے کی طرح ؎

مانند نقشِ نعل زمیں سے بجز فنا
ہرگز نہ اُٹھ سکے وہ اگر بیٹھے ایک بار

بن گئے تھے۔

ایک صاحب بالآخر شہرت کی تلاش میں جب پہلوانوں کی اسوسی ایشن کے صدر بن گئے اور کسی مسئلہ پر جھگڑا ہوگیا تو مخالف پارٹیوں کے پہلوانوں نے صاحبِ صدر کو پہلے والی بال اور پھر فٹ بال کے طور پر استعمال کیا! اس دھینگا مُشتی کی خبر اخباروں میں چھپنے کا حال سُن کر شہرت کے دلدادہ کے جسدِ مُردہ میں جان تو پڑ گئی مگر اظہارِ مسرت کی جب اس نے کوشش کی تو معلوم ہوا کہ اُس کے ہونٹ، دانت اور جبڑے قابلِ استعمال نہیں رہے تھے۔

"اللہ کے نام پر" سب سے زیادہ فائدہ اٹھانے والے فقیر ہیں۔ فقیری ایک فن ہے جس کو فروغ دینے کے لئے انسداد گداگری کے ادارے حکومت سے مدد حاصل کرتے ہیں! فقیروں کی قسمیں سُنیئے: پھیری والے، گھڑی والا (جو ہر بعذ وقت پر آئے) جلالی، جمالی، معمولی، غیر معمولی، مزاح پسند اور سنجیدہ اور پھر — "علی الصبح بنتے سنورتے فقیر جو بھیس بدل کر تماشائے اہلِ کرم دیکھتے ہیں۔" یہ سب لُوٹ کھسوٹ اللہ کے نام پر کی جاتی ہے۔ مُصنّفہ کہتی ہیں کہ "بندے نے اللہ میاں کو بھی نہیں چھوڑا"۔

بعض فقیر ملازمت کرتے ہیں اور اوقات ملازمت کے باہر فقیری — "اگر پوچھا ایسا کیوں تو کہتے ہیں، کیا اپنا آبائی پیشہ چھوڑ دیں؟"۔ یہ ہے ہمارے معاشرے کی حالت! اور یہ ہے ہماری پراچین تہذیب کی ترقی یافتہ تصویر!!

"رہیئے اب ایسی جگہ چل کر" میں اندازِ بیان ملاحظہ ہو!

" گلشن نامی گھر میں پھولوں کی مسکراہٹ نہیں۔ ہر عمر کے بچوں کی رونے کی بے سری آوازوں کی مسلسل گونج۔ پست تصورات اور تنگ خیالات اور ان گنت حشرات ـــــ بچوں کے رونے کی آوازیں۔ ماؤں کی پھٹکار چنگھاڑ۔ مردوں کی لڑائیاں اور سر پھٹول لاکھ بلائیں ایک گلشن "

نتیجہ : " گھر کی خوبصورتی اس کے نام یا اس کی سجاوٹ یا اس کے چمن زاروں سے نہیں بلکہ اس کے مکین انسانوں سے نمایاں ہوتی ہے، اگر ایسا گھر بن گیا تو دنیا بن گئی "

" تو پھر کیا کرے کوئی " میں ہمارے سرکاری دفتروں کی کیفیت پر بھرپور طنز ہے۔ ان دفتروں میں ہر شخص کام نہ کرنے کی کوشش میں غلطاں اور مصروف ہے۔ مصنّف جو کسی کام سے ایک دفتر جاتی ہیں۔ وہاں بیٹھ بیٹھ کر تنگ آنے پر کمرے کا پنکھا چلانے کی کوشش کرتی ہیں، مگر وہ بھی دفتر والوں کے اصولوں پر کاربند ٹس سے مس نہ ہوا۔ فرماتی ہیں " وفاداری ہو تو ایسی " !

ڈاکٹر رشید موسوی صاحبہ کی تحریروں کے چند نمونے اس لئے پیش کئے گئے ہیں کہ اگر غلطی سے کوئی کتاب پڑھنے سے پہلے یہ تعارف پڑھنے لگے تو اس کو معلوم ہو جائے کہ کتاب میں دلچسپی کے کیسے کیسے خزانے بھرے پڑے ہیں واقعات کی تفصیل کس خوبی سے بیان کی گئی ہے۔ محاوروں کے مناسب اور برمحل استعمال سے تحریر میں کیسا جادو جگایا گیا ہے۔ مزاح کی چاشنی کے ساتھ ساتھ طنز کے نشتر، شیرینی بکھیرتے ہوئے دعوتِ فکر دیئے جاتے ہیں۔

مستعملہ الفاظ سے آپ کے ذہن میں پرانے کلاسیکی ادب کی یاد تازہ ہو جائے گی۔ اور آپ ایسا محسوس کریں گے کہ کشتی میں سوار کسی جھیل کے پانی کی ہموار سطح پر کنول کے پھولوں کے درمیان بغیر ہچکولے کھاتے نہایت سکون سے پھسل رہے ہیں اور اگر آپ خود ادیب ہیں تو بارہا آپ کو یہ احساس ستائے گا کہ یہ بات تو آپ کے ذہن میں بھی تھی، اور کاش کہ آپ نے مصنّف سے پہلے اس کا استعمال کیا ہوتا۔ !

۱۵

انگریزی کی ایک مثل ہے کہ پڈنگ کی اچھائی کا ثبوت اس کے کھانے میں ہے "کاغذی ہے پیرہن" کو بنامِ خدا اُٹھا کر پڑھ جایئے۔ مجھے یقین ہے کہ آپ مجھ سے اتفاق کریں گے کہ مصنف کی تیز نظری، ان کے مشاہدات اور کلاسیکی طرز بیان نے ہلکے پھلکے مضامین کو بے حد خوبصورت، جاذب، سبق آموز اور دلکش بنا دیا ہے۔

بھارت چند کھنہ

ڈاکٹر رشید موسوی

ڈاکٹر رشید موسوی نے جب مجھے حکم دیا کہ میں اُن کی کتاب کے لئے تعارف لکھوں تو میں نے اُنھیں بہتیرا سمجھانے کی کوشش کی کہ وہ مجھے اس کٹھن آزمایش سے نہ گزاریں تو اچھا ہے۔ میری دلیل معقول تھی کہ اردو کے کسی استاد کی کتاب کا دیباچہ یا تعارف لکھنے کا حق اردو کے کسی طالب علم کو نہیں پہونچتا۔ وہ ٹھیریں اردو کی مسلّم الثبوت استاد اور میں ٹھیرا اردو کا ایک ادنیٰ طالب علم۔ مانا کہ وہ میری ہم عمر ہیں لیکن علم وفضل میں تو مجھ سے بڑی ہیں۔ اگرچہ وہ میری ہم جماعت رہ چکی ہیں، لیکن جس جماعت میں ہم دونوں ہم جماعت تھے، اُس کے بعد تو میں نے تعلیم کو اپنے اوپر حرام قرار دے دیا اور بی۔ اے کے بعد کوئی معقول یا نامعقول تعلیم حاصل نہیں کی جب رشید موسوی نے علم وآگہی کی کھوج میں پہلے تو ایم۔ اے کیا۔ اِس پر بھی چین نہ آیا تو پی، ایچ، ڈی کرلی۔ رشید موسوی سے وہ ڈاکٹر رشید موسوی بنیں اور اب تک نہ جانے اپنی کتنی ہی طالبات کو اپنی نگرانی میں پی۔ ایچ۔ ڈی کرا چکی ہیں۔ اب ۔چاہتی ہیں کہ مجھ جیسا کم علم اور بے بضاعت آدمی اُن کی کتاب کے لئے تعارف لکھے۔ اِسے آپ ڈاکٹر رشید موسوی کا علمی مذاق نہ کہیں تو اور کیا کہیں گے۔

ڈاکٹر رشید موسوی پر کچھ لکھنے سے گریز، میں اِس لئے بھی کرنا چاہتا تھا کہ مجھے اُن پر کچھ لکھنے کے لئے تیس پینتیس برس پہلے کی یادوں کو سمیٹنا پڑے گا۔ جن

۱۷

اصحاب نے تیس پینتیس برس پہلے کے حیدر آباد کے ادبی ماحول کو اپنی آنکھوں سے دیکھا ہے، وہ جانتے ہیں کہ اب اُس ماحول کو یاد کرنا بھی ایک آزمائش سے کم نہیں۔ اردو شعر و ادب کا طوطی بولتا تھا۔ عثمانیہ یونی ورسٹی کی عمارت میں شعر گونجا کرتے تھے۔ اردو تہذیب کا سکّہ چلتا تھا۔ اردو ایک زبان ہی نہیں ایک طرز زندگی بھی تھی۔ آئے دن ادبی محفلیں، تہذیبی جلسے، بیت بازی کے مقابلے، مشاعرے اور تقریری مقابلے۔ نہ جانے کیا کیا منعقد ہوتے تھے۔ اسی ماحول میں ۱۹۵۳ء میں پہلے پہل رشید موسوی کو دیکھا۔ نہایت سرخ و سفید رنگت والی دھان پان سی لڑکی تھیں۔ کم گو اور باوقار اپنے آپ کو ہمیشہ اپنے آپ میں سمیٹی ہوئیں۔ یوں بھی اُن دِنوں کے معاشرہ میں مخلوط تعلیم کے باوجود طلبہ میں ایک غیر مخلوط فضا ہمیشہ قائم رہتی تھی۔ رشید موسوی اگرچہ زمانہ طالب علمی میں ادبی اور تہذیبی سرگرمیوں میں بڑھ چڑھ کر حصہ لیتی تھیں لیکن اس کے باوجود اُن سے ملاقاتیں سرسری ہی رہیں۔ البتہ اُن کی ایک سہیلی سے میری کسی قدر غیر سرسری ملاقات تھی۔ ایک دن میں نے اُس سے رشید موسوی کے بارے میں پوچھا:

> "آخر یہ ہمیشہ اتنی سنجیدہ متین اور بُردبار کیوں بنی رہتی ہیں۔ ہنسنا تو شاید جانتی ہی نہیں ہیں۔ سچ بتاؤ کیا تم نے کبھی اُنھیں ہنستے ہوئے دیکھا ہے؟"

اِس پر وہ بولی:

> "تم کیا جانو کہ اِس متانت میں کتنی شرارت ہے۔ اس سنجیدگی میں کتنی شگفتگی ہے۔ جتنی وہ بُردبار ہیں، اُتنی ہی قہقہہ بار بھی ہیں۔ یہ اور بات ہے کہ اس شرارت اور شوخی کا جلوہ عام نہیں ہے۔ بلکہ اِس کا دیدار، سہیلیوں کی محفلِ خاص میں ہی ہوتا ہے۔"

مگر مجھے اُن کی سہیلی کی بات پر یقین نہ آیا اور میں اسی یقین کے ساتھ کالج سے نکل آیا۔ درمیان میں ایک طویل عرصے تک ڈاکٹر رشید موسوی سے کوئی ربط قائم نہ ہوسکا۔ البتہ اُن کے کارناموں کی اطلاعیں ضرور مل جاتی تھیں۔ پتہ چلا کہ رشید موسوی

۱۸

نے ایم ۔ اے کرلیا ہے ۔ پھر پتہ چلا کہ وہ ایک کالج میں اردو کی استاد لگ گئی ہیں اور لڑکیوں کو اردو پڑھا رہی ہیں ۔ پھر معلوم ہوا کہ انھوں نے " دکن میں مرثیہ اور عزاداری" کے موضوع پر ڈاکٹریٹ کرلی ہے ۔ اس موضوع کا عنوان جان کر میرا یہ یقین دوبارہ پختہ ہوگیا کہ رشید موسوی واقعی ہنسنا نہیں جانتیں ۔

ڈاکٹر رشید موسوی کو میں نے کالج سے نکلنے کے پورے تیرہ برس بعد ۱۹۶۸ء کے آس پاس اس وقت دوبارہ اور بہ اندازِ دگر دریافت کیا جب وہ زندہ دلانِ حیدرآباد کی سرگرمیوں میں عملی طور پر حصہ لینے لگیں ۔ میرے لئے یہ ایک حیرت انگیز انکشاف تھا ۔ یہ ان کا نیا روپ تھا ۔ جس میں وہ مزاح نگار بن کر ابھریں ۔ زندہ دلان حیدرآباد کی وہ نائب صدر بھی رہیں ۔ مجھے یوں لگا جیسے وہ ہنسنے ہنسانے کے لئے اپنے مقالے کی تکمیل کا انتظار کر رہی تھیں ۔ جس میں دور دور تک ہنسی مذاق کی کوئی گنجایش نہیں نکل سکتی تھی ۔ یہ سچ بھی ہے کہ ہنسی دل لگی ، اسی وقت اچھی لگتی ہے جب آدمی اپنے سارے بنیادی اور ضروری کام کرلے ۔ ہماری طرح نہیں کہ زندگی میں کوئی ڈھنگ کا کام نہیں کیا ۔ اور لگ گئے ہنسنے ہنسانے میں ۔ اب تو ہنسنا ، ہنسانا ہی اپنا واحد کام نظر آتا ہے ۔

رشید موسوی نے پورے اعتماد اور دل جمعی کے ساتھ مزاح نگاری شروع کی اور یہ اعتماد ان کی تحریروں میں صاف دکھائی دیتا ہے ۔ میرا ایسا خیال ہے کہ انھوں نے ۱۹۶۸ء میں اچانک مزاح لکھنا شروع کیا اور ۱۹۷۳ء تک لگاتار مزاح لکھتی چلی گئیں ۔ اس عرصے میں انھوں نے نہ صرف مزاح نگاری میں دلچسپی لی بلکہ حیدرآباد کے سب سے بلند قامت مزاح نگار حمایت اللہ میں بھی دلچسپی لینی شروع کی ۔ اور نتیجہ میں ان دونوں کی شادی ہوگئی ۔ گویا مزاح نگاری ان کے لئے اوڑھنا بچھونا بن گئی ۔

مجھے یاد ہے کہ حمایت اللہ اور ڈاکٹر رشید موسوی کی شادی کی اطلاع جب اشفاق حسین مرحوم کو ملی تو انھوں نے اپنے مخصوص انداز میں اس بندھن پر تبصرہ کرتے ہوئے کہا تھا :

" اردو ادب کی تاریخ میں پہلی مرتبہ مرثیہ اور مزاح کا ملاپ ہو رہا ہے ۔"

حمایت اللہ میرے عزیز ترین دوستوں میں سے ہیں۔ سچ تو یہ ہے کہ حمایت اللہ سے ڈاکٹر رشید موسوی کی شادی کے بعد ہی مجھے انھیں قریب سے دیکھنے اور سمجھنے کا موقع ملا۔

رشید موسوی اپنے مزاج کے اعتبار سے بلند بانگ قہقہہ لگانے کی قائل نہیں ہیں بلکہ زیرلب تبسم کو مہذب آدمی کی نشانی سمجھتی ہیں۔ اگرچہ مزاح خود بے اعتدالی اور عدم آہنگی کی پیداوار ہوتا ہے۔ لیکن رشید موسوی اپنے مزاح کو اعتدال میں رکھنے اور اسے ایک آہنگ عطا کرنے کو ضروری سمجھتی ہیں۔ مزاح نگاروں کی نجی محفلوں میں بھی جب میں اور حمایت اللہ بے تحاشہ قہقہے لگانے میں مصروف ہوتے ہیں تو رشید موسوی اپنی پوری انفرادیت کے ساتھ چپ چاپ اپنے ہونٹوں پر تبسم کی ایک ہلکی سی جھلک سجائے بیٹھی رہتی ہیں۔ ان کا تبسم شاذونادر ہی قہقہہ میں تبدیل ہوتا ہے۔ جو رکھ رکھاؤ اور قرینہ ان کی شخصیت میں ہے وہی ان کی مزاح نگاری میں بھی نظر آتا ہے۔

میرا قیاس ہے کہ ڈاکٹر رشید موسوی نے تقریباً پانچ برسوں تک لگاتار مزاح نگاری کی تھی۔ اس مجموعہ میں شامل اکثر مضامین اُسی خوشگوار دور کی یادگار ہیں۔ اُن کے ساتھ کئی محفلوں میں مجھے بھی شرکت کرنے کا موقع ملا۔ مجھے یاد ہے کہ انجنیروں کے ایک جلسے میں انھوں نے اپنا ایک مضمون سنایا تھا جو اِس مجموعہ میں بھی شامل ہے۔ یہ مضمون اس جلسہ کا سب سے کامیاب مضمون تھا۔ رشید موسوی نے جس ذہانت کے ساتھ غالب کی شاعری میں انجنیرنگ کے گوشے تلاش کئے ہیں وہ انہی کا حصہ ہے۔

اُن کی ذہانت فطری، مشاہدہ تیز، شخصیت دل نواز، نگاہ
دُور رس اور مزاح شگفتہ ہے۔

ان مضامین میں ایک باشعور مزاح نگار نے شگفتگی، بے ساختگی اور وارفتگی کے جو پھول کھلائے ہیں، وہ اردو مزاح نگاری کے چمن زار میں ایک حسین اضافہ کی حیثیت رکھتے ہیں۔ یوں تو اِس مجموعہ کے سارے ہی مضامین دلکش اور دلچسپ ہیں لیکن میں یہاں خصوصیت کے ساتھ اس خاکہ کا ذکر کرنا چاہوں گا جس کا عنوان ہے، "مالن بی"

۲۰

ڈاکٹر رشید موسوی نے جس خوب صورتی کے ساتھ ایک معمولی کردار کو غیر معمولی، بظاہر ایک غیر اہم شخصیت کو اہم بنایا ہے، یہ اُن کے حُسنِ بیان کا آئینہ دار ہے۔ جس چابک دستی کے ساتھ انھوں نے اِس کردار کے خط و خال اُبھارے ہیں وہ اُن کی اعلیٰ فن کارانہ صلاحیتوں کا ثبوت ہیں۔ رشید موسوی نے بہت کم خاکے لکھے ہیں۔ جی چاہتا ہے کہ وہ اِس طرح کے خاکے اور بھی لکھیں اور اردو ادب کے سرمایہ کو مالا مال کریں۔

اِدھر ایک عرصے سے ڈاکٹر رشید موسوی نے مزاح نگاری کے معاملہ میں چپ سادھ رکھی ہے۔ نہ جانے یہ اُن کی کونسی ادا ہے۔ مگر مجھے یقین ہے کہ وہ پھر سے اچانک اس جانب توجہ کریں گی، جیسا کہ اُن کی عادت ہے۔ اُن کے مزاحیہ مضامین کا یہ پہلا مجموعہ ان کے مضامین کے اور بھی کئی مجموعوں کا پیش خیمہ ثابت ہوگا۔

یہ ایک خوش آیند بات ہے کہ ڈاکٹر رشید موسوی نے بالآخر ان مضامین کو اکٹھا کرنے اور انھیں شائع کرنے کا بیڑہ اٹھایا۔ اگر وہ اپنی روایتی بے نیازی کے تحت ان مضامین کو کتابی صورت میں شائع نہ کرتیں تو ہم اُن کا کیا بگاڑ لیتے۔ تاہم اردو مزاح نگاری کا ضرور کچھ نہ کچھ بگڑ جاتا۔ میں ڈاکٹر رشید موسوی کو ان کے مجموعہ مضامین کی اشاعت پر مبارک باد دیتا ہوں۔

مجتبیٰ حسین

نئی دہلی
۱۵- اگست سنہ ۱۹۸۶ء

۲۱

کچھ اپنے بارے میں

میں حلفیہ کہہ سکتی ہوں کہ میں مزاح نگار نہیں ہوں۔ لوگوں نے مار کوٹ کر مزاح نگاروں کی ایک کانفرنس میں ادبی اجلاس کا معتمد بنا کر کھڑا کر دیا۔ مرتا کیا نہ کرتا۔ اس اجلاس کی کارروائی چلانے کے لئے کچھ نہ کچھ تو لکھنا پڑا اور پھر اس "کچھ نہ کچھ" کا سلسلہ چل پڑا۔ سونے پر سہاگہ یہ ہوا کہ کانفرنس کی رپورٹ تاژ لکھنے کے لئے مزاح نگاروں نے مجھے پکڑ لیا۔ لگتا تھا کہ وہ یہ جاننا چاہتے تھے کہ مزاح کے کتنے فی صد جراثیم میرے اندر موجود ہیں ــــ رپورٹ تاژ کو بھی ضرورت سے زیادہ سراہا گیا، اور پھر یہ سلسلہ جاری رہا۔ مسلسل تین سال تک وقتاً فوقتاً مزاح نگاری کے دورے پڑنے لگے۔ ادب کے حکیموں اور ڈاکٹروں نے تعجب کا اظہار کیا کہ بھلا مرثیہ اور عزاداری کے موضوع پر پی۔ ایچ۔ ڈی کرنے والے کے مزاج میں مزاح نگاری کے جراثیم کہاں سے حلول کر گئے ہیں۔

میرے مضامین کو پڑھ کر بعض کرم فرماؤں نے اظہار خیال کرتے ہوئے فرمایا کہ مضمون پڑھتے ہوئے ایک دم یہ احساس ہوتا ہے کہ مجھ پر سنجیدگی طاری ہو گئی ہے اور میں کھل کر کچھ کہنے سے رہ جاتی ہوں۔ مجھے اس بات

کا اعتراف ہے کہ میرے ان مضامین کو پڑھ کر آپ کے پھیپھڑے کسی شدید قسم کی ورزش میں مبتلا نہ ہو سکیں گے۔ بلکہ طنز کے پردے میں آپ کو اپنے کردار اور زندگی کی ایسی تلخیاں نظر آئیں گی۔ جن کے بارے میں ہر روز آپ سوچ تو لیتے ہیں مگر ان کو دُور نہیں کر پاتے۔

اپنے ان کرم فرماؤں سے مجھے یہ بات بھی کہہ دینا ضروری ہے کہ میری بے شمار بے اعتدالیوں میں سے ایک بے اعتدالی ہے کہ یہ مضامین میرے قلم سے نکل پڑے۔ اس قسم کی مضمون نگاری کا سلسلہ ۱۹۷۳ء، ۱۹۷۴ء سے تقریباً ختم ہوگیا۔ اور میں دوبارہ اپنے خول، یعنی تحقیق، میں بند ہوکر رہ گئی۔

میرے کرم فرما جناب منظور احمد صاحب نے ایک دن بغیر کسی تمہید کے خواہش ظاہر کی کہ ان مضامین کو شائع کرایا جائے اور ساتھ ہی کتابت طباعت اور دیگر تمام مسائل و مراحل کی ذمہ داری بھی اپنے سر لے لی۔

منظور صاحب اردو کے خاموش اور بے لوث خدمت گزار ہیں۔ بے شمار ادبی انجمنوں سے متعلق ہیں۔ خدا جانے اُنھیں کیا سُوجھی کہ "یہ قصۂ پارینہ" منظر عام پر لے آئے، اب آپ جانیں اور وہ۔ میں نے تو ۱۹۶۷ سے ۱۹۷۳ء تک جو کچھ قلم آزمائی کی ہے وہ آپ کے سامنے ہے۔ اگر پسند آئے تو منظور صاحب کا شکریہ ادا کیجئے اور پسند نہ آئے تو مجھے قصور وار قرار دے لیجئے، مجھے کوئی اعتراض نہ ہوگا۔

رشید موسوی

HNO-10.2.37. Bazar Guard
Post. Vijaya Nagar
HYD - 457

۲۳

کاغذی ہے پیرہن

انجنیروں اور سوپر وائزروں کی اِس محفل میں مضمون سُنانے کے لئے مجھے جو دعوت دی گئی تو ایک ایسے انشائیے کی تعمیر کاری کا خیال پیدا ہوا، جس میں انشائیہ نگاری انجنیرنگ کے ہم دوش ہو۔ لیکن ہر عنوان آگ اور پانی کی طرح ایک دوسرے سے آنکھ چُراتے نظر آئے۔ پھر میں نے انجنیرنگ کی عینک لگاکر اُردو شاعری کا جائزہ لیا۔ جو غزل سے عبارت ہے اور غزل کے بارے میں انجنیروں کی طرح، ناپ تول کر غور کیا تو پتہ چلا کہ یہ تو مبالغہ کا دوسرا نام ہے جیسے متناسب عرض بلدلی دیواروں میں مقید کیا جاتا ہے۔ میں نے سوچا کہ نئی شاعری میں غزل سے زیادہ نظمیں ملتی ہیں، جس کے کچھ مصرعے کبھی قدیم عمارتوں کے میناروں کی طرح طول طویل ہوتے ہیں۔ اور کبھی نئی عمارتوں میں بنائے گئے کچن کی طرح مختصر۔ ان طول طویل مصرعوں میں وہی اُداسی نظر آتی ہے جو آپ کو قطب شاہی گنبدوں میں ملے گی۔ نئی شاعری اور قدیم عمارتوں میں سب سے نمایاں اور مشترک صفت مایوسی کی فضا ہے۔ مقبروں کی طرح جدید شاعری میں زندگی کے نشان ناپید ہوتے ہیں اور اُداسی طاری ہوتی ہے۔ نئے شاعر کی آواز گنبد میں کھڑے کسی انسان کی آواز ہے، جو لوٹ کر صرف اُسی کو سنائی دیتی ہے ـــ! اب یہ بات جاننے کے بعد آپ آسانی کے ساتھ فیصلہ کر سکتے ہیں کہ گنبد میں گونجنے والی آواز

صرف بولنے والوں کو کیوں سنائی دیتی ہے اور اس کے باہر پھیلی ہوئی وسیع دُنیا کے لوگ اس آواز کو کیوں نہیں سُن پاتے ۔

اب نئی شاعری کی بات جب چل نکلی ہے تو میں انجنیرز اور سُوپر وائزرز کو یہ بتاتی چلوں کہ آخر جدید شاعری ہے کیا ؟ تجربے ہر میدان میں ہو رہے ہیں۔ اور ہونا بھی چاہیئے ۔حرکت زندگی کی علامت ہے اور حرکت میں برکت بھی ہے ۔ اس برکت کا سب سے بڑا ثبوت ٹائیٹ شرٹ شلوار اور بش شرٹ پتلون ہیں۔ یہ اور بات ہے کہ اس کے پہننے کے بعد آدمی چل پھر تو سکتا ہے اور تقریباً کھڑے قد کی کرسی پر بیٹھ سکتا ہے لیکن آرام سے کبھی تشریف فرما نہیں ہو سکتا۔ انجنیرنگ کے شعبہ میں برکت دیکھنی ہو تو مدراس کی ایل، آئی، سی کی عمارت دیکھئے ۔ چند مربع گز پر بے شمار کمرے، کئی منزلوں پر تعمیر کرلئے گئے ہیں ۔ اب یہ اور بات ہے کہ اگر ایسی عمارتوں کی لائٹ آف ہوجائے یا لفٹ خراب ہوجائے تو رسیوں، فائر انجنوں اور کرینوں کے ذریعہ بالائی منزلوں سے لوگوں کو نیچے اتارنا پڑتا ہے ۔ ایسی برکت ادب و شعر میں بھی ملے گی ۔ دو لفظ لکھئے ایک نظم ہوگئی ۔ تنقید نگار سر جوڑے بیٹھے ہیں شاعر کی کم گوئی اور کم سخنی کی معراج ملاحظہ ہو کہ ان دو لفظوں کے دو ہزار معنی نکالے جاتے ہیں۔

کوئی کہتا ہے اس لفظ کا مطلب یوں ہے، کوئی کہتا ہے Symbolic انداز بیان ہے ۔کوئی لفظ کا پس منظر واضح کرتے ہوئے روسیوں کو ڈکٹیٹر قرار دیتا ہے ۔کوئی کہتا ہے جی نہیں ! ڈکٹیٹر کے معنی تو نکلتے ہیں لیکن نظم رومانی فضا میں لکھی گئی ہے اور اس کا اشارہ محبوب کی طرف ہے ۔لفظ چاہے دو ہی ہوں ۔ باتیں اتنی ہوں گی جتنے منھ ! یقیناً آپ بھی تجربوں کے بعد تعمیر کے لئے مٹی گچ اور پتھر کو چھوڑ کر سمنٹ کا انتخاب کر چکے ہیں ۔ ہمارے شاعروں نے جب برسوں پہلے خیالی سلطنتوں کا خاکہ کھینچا تو وہاں کی گچ اور پتھر کی عمارتوں کی تعریف کی ۔ جس

۲۵

حکومت کے گدھوں کی نعل بندی میں سونا ملتا تھا اس کے دارالحکومت میں ہر طرف گچ اور پتھر کے مکان بنے ہوتے۔ چنانچہ سحر البیان کا شاعر ایک ایسے ہی شہر کا حال بیان کرتے ہوئے لکھتا ہے :ــہ

لگے تھے ہر ایک جا یہ وال سنگ و خشت
ہر اک کوچہ اس کا تھا رشکِ بہشت
عمارت بھی گچ کی وہاں بیشتر
کہ گزرے صفائی سے جس پر نظر

جدید شاعر گچ اور پتھر کی جگہ سمنٹ کے تذکرے کو بھی ضروری نہیں سمجھتے۔ بلکہ وہ تو اس حقیقی دنیا کے منکر نظر آتے ہیں، جس میں عمارتوں کا وجود ہو۔ اور جب کبھی وہ اتفاق سے کوئی عمارت تعمیر کرتا ہے تو یہ پتہ چلانا ہی مشکل ہوتا ہے کہ وہ زمین پر بنی ہے یا آسمان کی وسعتوں میں ــــ ! اس عمارت میں نہ دروازہ نظر آتا ہے کہ آمد و رفت ہو ــــ نہ روشن دان کہ تازہ ہوا آتی رہے۔ یہاں یہ خیال رہے کہ نئے شاعر کو تازہ ہوا سے چڑ ہے۔ آپ بدبو پر ناک منھ اتنا نہیں سکیڑتے جس قدر کہ ان شعرا کو تازہ وارد ہوائیں متاثر کرتی ہیں۔ نئی شاعری کی تعمیر میں کبھی تو باتھ روم اور کچن کا بھی پتہ نہیں چلتا۔ اس اعتبار سے ہمارا آج کا شاعر انجنیروں سے بہت آگے بڑھ گیا۔ وہ سورج کی کرنیں گھول گھول کر پیتا ہے۔ چاند کی کھردری زمین پر سوتا ہے، مریخ اس کے خوابوں کی منزل ہے۔ وہ ایسی باتیں کرتا ہے جن کا سمجھنا اس دنیا میں رہنے والوں کے لئے ناممکن ــــــ

کچھ جدید شاعر کہتے ہیں کہ وہ اونچی سطح سے بات کرتے ہیں۔ تخئیلات کی نئی راہوں سے ہو کر گزرتے ہیں۔ عام ذہن خیالات کی ان خاردار جھاڑیوں والی راہوں تک پہنچ سکتا ہے۔ اور ان کی بات سمجھ سکتا ہے۔ انجنیروں سے ہماری درخواست ہے کہ وہ لق و دق میدانوں اور صحراؤں میں نئی نئی سڑکیں بنائیں۔

۲۶

شاہدان راہوں سے گزرنے کے بعد جدید شاعر کے تخیّل تک رسائی ہو سکے اور ان راستوں پر تھوڑے تھوڑے فاصلے سے کئی منزلہ اونچی عمارتیں بنائیں تاکہ نئی شاعری کے اونچے خیالات کو اس اونچی جگہ بیٹھ کر سمجھنے کی ہم کوشش کریں۔

مختصر یہ کہ نئی شاعری خیالات کی ایک فرضی دنیا کا نام ہے۔ جس کے کچھ نمونے آپ کی دُنیا میں بھی دیکھنے میں آئے ہیں۔ وہ قصّہ تو شاید آپ نے سُنا یا بچپن میں کتابوں میں ضرور پڑھا ہوگا۔ میں نے چھوٹی جماعتوں میں ایک انگریزی کہانی Invisible Robe پڑھی تھی۔ اس سے ملتی جلتی کہانی کو میں نے پرسوں اپنی بھتیجی کو تلگو کی کتاب سے زبانی یاد کرتے سُنا جس کا نام "دیوتا وسترالو" ہے۔ کہا جاتا ہے کہ کسی زمانے میں، کسی ملک کا کوئی بادشاہ تھا۔ اس نے اپنے ایک درباری کو اس کے کسی کارنامے پر خوش ہو کر ایک ایسا لباس عطا کیا۔ جو کسی کو دکھائی نہیں دیتا تھا۔ بادشاہ نے اعلان کروادیا تھا کہ یہ لباس صرف عقلمند پارسا اور نیک آدمیوں کو نظر آسکتا ہے۔ ہر ایک کو نہیں۔ اب بھلا کون ایسا ہوگا جو اپنے آپ کو ان صفات سے متصف نہ سمجھتا ہو۔ چنانچہ سب نے اُس کی بہت تعریف کی، اور زمین آسمان کے قلابے ملا دیئے ——— !

آج ہمارے انجنیئرز کے کارنامے بھی کچھ اس قسم کے ہیں کہ جو عمارتیں، پُل اور بند وغیرہ وہ تعمیر کرتے ہیں، ہر ایک کو نظر نہیں آتے۔ ان کے دیکھنے کے لئے انسان کو مذکورہ بالا خصوصیات کا حامل ہونا پڑتا ہے یا پھر چشم بینا کی ضرورت ہوتی ہے۔ اب بھلا ہمہ شما چشم بینا کہاں سے لائیں ——— !!!

بہت دن ہوئے اخبار میں ہم نے ایک خبر پڑھی تھی کہ کسی جگہ پر ایک بڑا پُل تعمیر ہو رہا ہے۔ اس پُل کی تعمیر سے ملک کو کئی فائدے پہنچیں گے۔ اور یہ پُل ہمارے ملک کی معاشی، سیاسی، تمدنی، تہذیبی اور اخلاقی ترقی کا ایک اہم ذریعہ ہوگا۔ آج کے اس ترقی یافتہ زمانے میں پُلوں کی تعمیر کی خبر کوئی چونکا

۲۷

دینے والی تو نہیں ہے۔ اس لئے ہم نے اس کی طرف کوئی خاص توجہ نہ دی ــــــ اور نہ ہی یہ پل کوئی پل صراط کی تعمیر کا نمونہ بننے والا تھا کہ اس سے ہم خاص طور پر دلچسپی لیتے ـــــــ! بہر حال بات آئی گئی ہوگئی۔

بہت عرصہ بعد پتہ چلا کہ جس پل سے ہمارے ملک کو بے شمار فائدے پہنچنے والے تھے۔ اس کے متعلق کاغذی کارروائیاں، دفتر کے مخصوص ماحول میں پروان چڑھتی رہیں۔ مقررہ وقت پر بلز بھی پاس ہوتے رہے۔ اور اس کاغذی کارروائی کا کاغذی پل کچھ اس طرح اپنی مقررہ جگہ اور دفتر کی فائلوں سے غائب ہوگیا کہ اس نے اپنے نقشِ پا تک نہ چھوڑے ــــــ!!

غالب نے ایک سو سال پہلے اپنی ایک خواہش کا اظہار کیا تھا۔ انھوں نے ایک ایسے گھر کی تمنا کی تھی جس کے نہ دروازے ہوں نہ دیواریں ـــــ پتہ نہیں اس زمانے کے انجنیرؤں نے غالب کی اس خواہش کی تکمیل کی تھی یا نہیں ـــــ ہم نے اس زمانے کی بے شمار تاریخوں اور خود غالب کی سوانح عمریوں کا گہری نظر سے مطالعہ کیا ـــــ لیکن کسی بھی کتاب میں ہمیں غالب کی اس خواہش کی تکمیل کا ذکر نہیں ملا ـــــ ویسے ہم سمجھتے ہیں کہ یہ کوئی مشکل کام نہ تھا۔ آسانی سے غالب کی خواہش پوری کی جاسکتی تھی۔ ہوسکتا ہے کہ اس زمانے میں انجنیرنگ نے اتنی ترقی نہ کی ہوگی کہ اس قسم کے بے درو دیوار گھر تعمیر کرسکیں۔ لیکن آج ہم دیکھتے ہیں کہ انجنیرنگ کا یہ ایک ادنیٰ سا کرشمہ ہے۔ جدید طرز کی عمارتوں میں دروازوں دیواروں اور کھڑکیوں وغیرہ کا کوئی تناسب ہے نہ قاعدہ قانون ـــــ جی چاہا دیوار اٹھالی۔ جی چاہا لوہے کی گرِل سے کام چلالیا ـــــ ضرورت محسوس ہوئی تو دروازے لگائے ورنہ لوہے کی اوٹ ہی کھڑی کرلی ـــــ اس قسم کے بے درو دیوار سے گھروں کو دیکھ کر ہم پھر ایک مرتبہ غالب کی اہمیت کو تسلیم کرنے پر مجبور ہوجاتے ہیں کہ وہ اردو کا نہ صرف ایک مسلم الثبوت، بین الاقوامی

شہرت کا حامل شاعر تھا، بلکہ اس کو انجنیرنگ کے علم میں اچھا خاصہ دخل تھا۔ سو سال پہلے جس جدید طرزِ تعمیر کا نقشہ غالب نے جن لفظوں میں کھینچا تھا آج ہمارے انجنیرز اِس پر عمل پیرا ہیں۔

یہ تو سیول انجنیروں اور جدید شاعری کی باتیں تھیں۔ آپ جانتے ہیں کہ آج کی اِس میکانکی زندگی میں میکانیکل انجنیرز کا بھی بڑا عمل دخل ہے۔ اس تعلق سے ہم اپنے کچھ تجربات پیش کریں گے۔ جن سے آپ کو بخوبی اندازہ ہو جائے گا کہ ان کی مہربانیوں سے ہم زندگی کی کن کن نعمتوں سے محروم اور مصیبتوں سے دو چار ہیں۔

کسی زمانے میں ہم صاحب کار تھے۔ بڑی لمبی چوڑی موٹر کار کے مالک۔ اتفاق سے ایک وقت ہماری گاڑی خراب ہوگئی اور ہم نے اسے ایک موٹر گراج میں شریک کرا دیا۔ اس گراج کے میکانک صاحب کو اس کی تفصیلی کیفیت بیان کی۔ اور اُن سے خواہش کی کہ جلد از جلد اسے ٹھیک کر کے لوٹا دیں۔ کچھ دن بعد ہم نے خبر گیری کے خیال سے وہاں حاضری دی تو دیکھا کہ موٹر سے پہیّوں کو نکال کر اُسے پتھروں پر سوار کروا دیا گیا ہے۔

ہم نے کہا:۔ بھئی چاروں ٹائرز اور ٹیوبز نئے ہیں، ذرا ان کا خیال رہے۔ ..... اور چلتے چلتے دوبارہ یاد دلایا کہ ہمیں کار جلد از جلد واپس کر دیں۔ میکانک صاحب نے خالص کاروباری انداز میں اپنے چہرے کو مختلف زاویوں سے ٹیڑھا میڑھا کر کے جواب دیا...... "جی ہاں! بس ابھی ایک ہفتہ کے اندر ..... آپ اپنی گاڑی لے جائیے! تیار ہو جائے گی۔"

ہم جانتے تھے کہ میکانک کے وعدے اُردو غزل کے محبوب کے وعدوں کی طرح کبھی پورے نہیں ہوتے۔ لہٰذا ایک ہفتہ کی بجائے دو ہفتے بعد ہم پہنچے۔ تو دیکھا کہ ہماری گاڑی جس کی باڈی لکڑی کی تھی۔ شیڈ سے نکال کر زیر آسمان کھڑی کر دی گئی ہے۔ دھوپ اور پانی کی مار میں لکڑی کا رنگ مسخ ہو گیا۔ اور وہ جگہ جگہ

سے نزک بھی گئی۔ ہم نے شکایت کی تو ہمیں تسلّی دی گئی کہ اس کو بھی ٹھیک کر کے رنگ و روغن سے چمکا دیا جائے گا۔ اندر جھانک کر دیکھا تو اسٹیرنگ وہیل غائب، ہارن لاپتہ اور ڈیش بورڈ سے گھڑیال اور مائیلو میٹر ندارد۔ ہم نے احتجاج کیا تو اطمینان دلایا گیا کہ گھبرائیے نہیں۔ چوری کے خیال سے نکال کر ان چیزوں کو حفاظت سے اندر رکھ دیا گیا ہے۔ کار کے ساتھ سارا ساز و سامان دے دیا جائے گا۔ کچھ دن کے لئے ہمیں شہر سے باہر جانا پڑا اور لوٹ کر تقریباً چھ ماہ بعد جب گراج پہنچے تو ہم صورتِ آئینہ حیران رہ گئے۔ شدّتِ جذبات سے ہماری قوتِ گویائی سلب ہو گئی۔

اپنی گاڑی کو پوچھا تو میکانک صاحب تو نہیں تھے۔ ان کے ایک اسسٹنٹ نے چند چھوٹے بڑے مختلف سائز کے لوہے کے اوزار ہمارے ہاتھ میں تھما لیے ہوئے ایک طرف اشارہ کیا۔ اُدھر جو نظر اُٹھی ـــــ کیا دیکھتے ہیں کہ ایک لوہے کی صندوق نما کوئی چیز پتھروں پر رکھی ہے جو ہماری گاڑی کا انجن وغیرہ ہے۔ اور اس کے ساتھ قریب ہی دیمک خوردہ لکڑی کا ڈھانچہ ہوا میں جھولتا نظر آیا جو ہماری گاڑی کی باڈی ہے اس کے آگے ہم کچھ نہ دیکھ سکے۔ آنکھوں میں اندھیرا سا چھا گیا۔ بڑی ہمت سے اپنے کھوئے ہوئے ہوش و حواس کو بہ دقتِ تمام جمع کر کے ہم نے اُس آدمی سے پوچھا کہ: بھئی یہ ٹکڑے کیا ہیں؟ تو کہیں دُور سے اُس کی آواز ہمارے کانوں تک پہنچی ـــــ فی الوقت یہ اتنے کل پرزے، یہ لکڑی کی باڈی اور لوہے کا یہ صندوق جو آپ کی کار کا بچا کچا انجن ہے۔ آپ اپنے ساتھ لے جائیے۔ باقی حساب ہمارے میکانک صاحب کل آپ کو چکتا کر دیں گے۔ ہم نے سوچا ظالم نے کس آسانی کے ساتھ ہماری گاڑی کے بخیئے اُدھیڑ کر رکھ دیئے۔ مگر ہم کچھ بھی نہ کہہ سکے۔ اس طرح اپنی گاڑی کے ایک ایک پُرزے کو سمیٹتے پھرے، جیسے کوئی گُل چین، باغباں کے خوف سے احتیاط کے ساتھ باغ میں

۳۰

پھول چُنتا ہے ـــــ وہ دن اور آج کا دن ـــــ ہم موٹر کی نعمت سے محروم ہوگئے ـــــ !!

اِس سلسلے کا ایک اور واقعہ ہمیں یاد آگیا۔ ہمارا بیس سالہ پُرانا انگلش میک ریڈیو کچھ دن ہوئے خراب ہوگیا ـــــ موٹر کار کا حشر ہماری نظروں میں گھوم رہا تھا۔ اس لئے ہم اس کو سیدھے کسی ریڈیو انجنیر کی دکان پر نہیں لے گئے۔ ہم نے سوچا اس سلسلے میں کیوں نہ اپنے ایک دیرینہ کرم فرما سے مدد لی جائے، چنانچہ ان سے ہم رجوع ہوئے تو انھوں نے ازراہِ دوست نوازی ایک ریڈیو میکانک ہمارے گھر بھجوادیا کہ اپنی نگرانی میں ریڈیو درست کروالیں۔ ان میکانک صاحب نے ہمارے ریڈیو میں انجنیرنگ کے جو جوہر دکھائے اس کے نتائج بُرے نکلے۔ وہ تمام خصوصیات جن سے ہمارا ریڈیو اب تک محروم تھا، اس میں جمع ہوگئیں۔ مثلاً یہ کہ ہمارا ریڈیو سوئی کا بٹن گھمانے سے نہیں چل پڑتا بلکہ جس اسٹیشن سے ہم کو پروگرام سُننا ہوتا ہے۔ پچھلے حصہ کا بورڈ ہٹا کر ہمیں اپنے ہاتھ سے سُوئی آگے پیچھے کرنی پڑتی ہے۔ واضح رہے کہ اپنے اس مرمت شدہ ریڈیو سے ہم صرف میڈیم ویلویو پر ہی پروگرامس سُن سکتے ہیں۔ (میکانک کا تختہ مشق بننے سے قبل اِس میں یہ خصوصیت بالکل نہیں تھی) ـــــ

دوسری خصوصیت جو ہمارے ریڈیو میں پیدا ہوگئی ہے وہ یہ ہے کہ نشر ہونے والے پروگراموں میں اگر کوئی کردار چلّا کر بلند آواز میں مکالمے ادا کرتا ہے تو ہمارے ریڈیو کی آواز کانپنے لگتی ہے۔ یہاں تک کہ بعض وقت یہ گھبراہٹ اِس قدر شدید ہوجاتی ہے کہ وہ فوراً سانس روک لیتا ہے ـــــ اور جب تک ہم اوپر نیچے، دائیں، بائیں زور زور سے اس کو مکّے اور گھونسے نہ ماریں وہ دوبارہ سانس نہیں لے سکتا ـــــ ! بُدھ کے روز بِناکا پروگرام سُننا ہو تو اپنے پڑوسی سے درخواست کرتے ہیں کہ وہ اپنے ریڈیو کی آواز

۳۱

بڑھادیں ـــــ اور ہم اپنے ریڈیو سیٹ کو دیکھ دیکھ کر ان میکانک صاحب کی عُمر و اقبال کی ترقی کے لئے دُعائیں مانگتے ہیں ـــــ!!

غرض سیول، میکانیکل، الیکٹریکل انجنیرؤں، سوپر وائزروں اور ٹیکنیشنیز کے کارناموں نے ہمیں اِس قدر سہما دیا ہے کہ ہم اپنی ایک دیرینہ آرزو کی تکمیل یعنی اپنا ایک ذاتی گھر بنانے کی جرأت نہیں کر سکتے ؎

وہ جو رکھتے تھے ہم اک حسرتِ تعمیر سو ہے

▬▬

۳۴

طنز کیا چیز ہے، مزاح کیا ہے؟

مرزا غالب نے ایک امتحانی سوال کیا تھا۔ ابر کیا چیز ہے، ہوا کیا ہے؟ اور آج تک بھی آٹھویں جماعت کے طالب علم ہر سال اِس سوال کا جواب نقل کرکے غالب کی روح کو ایصالِ ثواب کرتے ہیں۔ اِسی نوعیت کا سوال قیاساً آپ کے ذہن میں بھی پیچ و تاب کھا رہا ہو گا۔ طنز کیا چیز ہے مزاح کیا ہے؟ لیکن چونکہ آپ ممتحن نہیں ہیں بلکہ ایک حاضرین ہیں ـــــ یہ ایک حاضرین کی ترکیب ہم نے ہر تقاریب کے سامان کی سپلائی کے سائن بورڈ کی تقلید میں استعمال کی ہے، جس کو ہم جائز سمجھتے ہیں۔ کیونکہ حاضرین کو ہمیشہ ایک ہونا چاہیئے۔ واحد جمع کا فرق ملحوظ رکھا جائے تو چند تالیاں بجانے لگتے ہیں چند سیٹیاں ـــــ تو چونکہ آپ 'ایک حاضرین' ہیں اس لئے آپ کا سوال طنز کیا چیز ہے مزاح کیا ہے؟ اُس سوال کی طرح ہے جو پرچہ سوالات میں شامل لیکن نصاب سے خارج ہے۔ ہم سمجھتے ہیں کہ ہم اپنی قیاس آرائی میں بدرجہ اول کامیاب ہوئے ہیں۔ اگر یہ واقعہ ہے تو براہ کرم ہماری روشن ضمیری کے احترام میں دو سکنڈ کی خاموشی اور تین سکنڈ کی ٹکٹکی اختیار کیجئے ـــــ ہم اپنی کامیابی پر مسرور ہو لیتے ہیں۔

لیکن آپ کا سوال ہمارے ذہن میں کچھ اس طرح جاگزیں ہو گیا ہے جیسے

کوئی نجات سے محروم بدرُوح کسی ویرانے پر قابض ہو جائے۔ اب ہم سوالی بھی ہیں اور جوابی بھی۔ سوال ہے طنز کیا چیز ہے، مزاح کیا ہے؟ ——
جواب ہے طنز ایک شکر غلاف حقیقت ہے جس کی تلخی اُگلی نہیں جاسکتی۔
اور مزاح ایک آتش بازی، چھولیں تو چنگاری اور نہ چھوئیں تو قہقہہ !!!

دوسرا سوال۔ اِس تعریف کو مثالوں کے ذریعہ واضح کرو۔

جواب۔ طنز کی مثالیں —— ایک فقیر کی صدا —— اللہ کے نام پر کھانا مائی باپ: —— مزاح نگار کی آواز —— کھانا نہیں ہے۔
فقیر کی صدا —— اللہ کے نام پر پھٹا پُرانا کپڑا حضور! —— مزاح نگار کی آواز —— کپڑا بھی نہیں ہے۔ فقیر کی صدا —— کچھ پیسے مالک۔
مزاح نگار کی آواز: پیسے بھی نہیں ہیں۔ فقیر کا طنز "کھانا نہیں ہے۔ کپڑا نہیں ہے: پیسے نہیں ہیں —— تو حضور گھر میں کیوں بیٹھے ہیں؟ میرے ساتھ بھیک مانگنے آیئے" ——

ایک اور مثال: راج محلے کے چوراہے پر چار براتوں کی مڈبھیڑ ہوگئی۔
اس گڑبڑ میں دو دُلہنیں غیر متعلقہ براتوں سے منسلک ہوگئیں۔ تبدیلی کا پتہ چلا تو دولھا کے بھائی گھبرائے ہوئے، پریشان دولھا کے پاس آئے اور کہنے لگے ——
بھائی جان! غضب ہوگیا۔ دلہن کی موٹر بدل گئی ہے۔ دولھا نے مطمئن لہجہ میں جواب دیا —— دُلہن، دُلہن سب ایک۔ یہ دیکھ بھائی کہ اپنا جہیز تو برابر آرہا ہے؟
اِس مثال میں برات شکر کا غلاف ہے اور حقیقت کی تلخی جہیز ——

اب مزاح کی مثالیں پیش ہیں۔ ایک عُمر رسیدہ بزرگ کو شریک زندگی کی ضرورت ہوئی۔ اُن کو ایک عمر رسیدہ ترجیحاً بیوہ کی تلاش تھی۔ اُن کے ایک دوست نے اِس سلسلہ میں کافی تگ ودو کی۔ لیکن عمر رسیدہ تو کئی ملیں، بیوہ کوئی فوری طور پہ دستیاب نہ ہوسکی۔ خواہش مند بزرگ کو بیوہ پر اصرار تھا۔ تنگ آکر

۳۴

دوست نے کہا —— بھائی تم کو بیوہ بیوی درکار ہے تو کسی بھی عورت سے شادی کر لو، وہ بیوہ ہو جائے گی :

مزاح کی دوسری مثال : ایک کلرک ایک گھنٹہ دیر سے دفتر پہنچا۔ افسر نے دیر کی وجہ پوچھی —— کلرک نے کہا —— کیا عرض کروں صاحب بنگلہ پر سے گر پڑا —— افسر نے تیوری چڑھا کر سوال کیا —— کیا بنگلہ سے گرنے میں ایک گھنٹہ ؟

ہم کچھ دیر اس لئے رُک گئے کہ افسر کے سوال میں مزاح کا جو لطف ہے اُس سے آپ محظوظ ہولیں۔ جی ہاں —— محظوظ ہونے کا ذوق بھی مزاح کا ایک ضروری لوازمہ ہے۔ ورنہ اندیشہ رہتا ہے کہ انگریزوں کے ذوقِ مزاح پر کیا گیا طنز ہم پر نہ صادق آجائے۔

آپ نے وہ طنز سُنا ہے ؟ نہیں —— تو سُن لیجئے۔ کہتے ہیں کسی انگریز کو بڑھاپے میں ہنسانا ہو تو اُس کے بچپن کا اُس کو کوئی لطیفہ سنایا جائے —— آپ ہنس رہے ہیں ؟ اور ہمیں ایک مزاح نگار کا قول یاد آرہا ہے کہ جو شخص اپنے بارے میں مطمئن ہوتا ہے، دوسروں کی کمزوری پر ہنس سکتا ہے —— تو اب مزاح نگاروں کی خبر لی جائے ؟ ؟

مزاح نگاروں سے معذرت کے ساتھ، یہ وضاحت کی جاتی ہے کہ خبر لینے کے "محاوری" معنوں کا قطعی ہم کو علم نہیں ہے۔ ہم تو خبر کا مطلب جان پہچان جانتے ہیں۔ اور اسی مطلب کے تحت عرض پرداز ہیں کہ خوشی اور خوش قسمتی کی بات ہے کہ مزاح نگاری کو اب اس کا جائز مقام مل رہا ہے۔ اور اسی مقام پر مزاح نگار بھی فائز ہے۔ ورنہ مزاح نگار کو بازاروں میں اُچھالا جاتا تھا اور اس محل وقوع میں مزاح نگار دھکے کھاتا تھا۔ اب مزاح نگاری ادب کے، اور مزاح نگار اس جلسہ گاہ کے شہ نشین پر براجمان ہیں۔ ہم یہ بات فخر کے ساتھ کہہ سکتے ہیں کہ اگر جناب بھارت چند کھنہ صاحب

۳۵

زندہ دلانِ حیدرآباد کی مدد اور ہمت افزائی نہ کرتے تو آج حیدرآباد میں مزاح نگاروں کے یہ سالانہ اجتماعات منعقد نہ ہو پاتے۔ آندھرا پردیش کو ان مزاح نگاروں پر فخر ہے۔ ان کی سنجیدگی پر نہ جایئے۔ ان کے خشک ہونٹوں کے کناروں سے ہنسی کے پوشیدہ سیلاب بندھے ہوئے ہیں۔ ایک ذرا ان کو موقع دیجئے اور پھر دیکھئے ان کے اشاروں پر زندگی کس طرح رنگ بدلتی ہے۔ کس طرح عمر بدلتی ہے؟ کس طرح سورج غروب ہوتا ہے تو چاند طلوع ہوتا ہے اور چاند چھپتا ہے تو اندھیرا نہیں ہوتا ان کے طنز میں مزاح ہے اور مزاح میں طنز —— عام فہم لفظوں میں یہ کہا جا سکتا ہے کہ ان کا مزاح آم میں گھٹلی ہے اور گھٹلی میں آم۔ گھٹلی میں آم کی تشبیہہ ہمارے پلّے نہیں پڑتی۔ لیکن طنز و مزاح کی بات ہے۔ اگر نافہمی کا اظہار ہو تو ذوق کی رسوائی ہوتی ہے۔ اس لئے بعض وقت کچھ پلّے پڑے بغیر بھی داد دینی پڑتی ہے اور اصل لطف تو گھر جانے کے بعد، بستر پر لیٹے لیٹے یا دوسرے تیسرے دن کسی ذہنی رَو کے زیر اثر حاصلِ محفل ثابت ہوتا ہے۔ ہمیں ایک لطیفہ یاد آرہا ہے لیکن خیر جانے دیجئے۔ ہمارے مزاح نگاروں کو شکایت ہوگی کہ اس خطبہ استقبالیہ کے بعد کسی دوسرے کی ضرورت ہی کیا باقی رہ جاتی ہے تو میں ان کے خیر مقدم پر خاموشی اختیار کرتی ہوں۔۔ اب گرمی گفتار ان خوش بیانوں کے دم قدم سے ہوگی آپ حضرات کی تشریف آوری کا شکریہ، جلسہ کے اختتام پر کوئی اور ادا کرے گا۔ آپ کوئی خیال نہ فرمائیں۔ تو اب ہمیں اجازت دیجئے۔ لیکن سچ کہئے، ایک لطیفہ کے ذکر کے بعد اگر ہم وہ لطیفہ نہ سنائیں تو کیا آپ کے دل میں خلش نہ رہ جائے گی؟ تو وہ لطیفہ سنا ہی دیتے ہیں۔ سن لیجئے، یہ لطیفہ ایک مزاح نگار کے بارے ہی میں ہے۔

مارک ٹوین امریکہ کا بہت مشہور مزاح نگار گزرا ہے۔ وہ اپنے ایک بھائی کے ساتھ توام پیدا ہوا تھا۔ اس کا بھائی بچپن ہی میں پانی کے ٹب میں

گر کر مر گیا تھا۔ مارک ٹوئین ایک ایسی محفل میں مدعو تھا جہاں اس کے لطیفوں کی بروقت داد نہیں مل رہی تھی۔ مارک ٹوئین حاضرین سے مخاطب ہو کر کہنے لگا

دوستو! آپ نے آج کی محفل کے لئے غلط آدمی کو بلایا ہے — میں دراصل مارک ٹوئین کا توام بھائی ہوں۔ مارک ٹوئین تو بچپن ہی میں ٹب میں ڈوب کر مر گیا۔ اس لطیفہ میں مزاح کی گدگدی بھی ہے اور حزن کی چٹکی بھی۔

حالات کا یہ بہت دل دوز مذاق ہے کہ لوگ مزاح نگاروں سے صرف اپنی خوش وقتی کا تقاضہ کرتے ہیں۔ اور اس کی زندگی سے کوئی دلچسپی نہیں رکھتے۔ یہ واقعہ ہے کہ ہنسنا آسان ہے اور ہنسانا مشکل۔ اور اس مشکل کو جھیلنے والا اگر خود اپنی زندگی کے چہرے پر مسکراہٹ نہ دیکھے تو اس کی مایوسی کا اندازہ ناممکن ہے۔ مزاح نگار ادب کے دوسرے فن کاروں —— کی طرح شعور اور احساس کی لطیف بلندیوں تک رسائی رکھتا ہے، اگر کوئی شاعر یہ کہے ؎

روشنی میں ڈھلتی ہے دل کے خون کی سرخی
تب کہیں سرِ مژگاں اک چراغ جلتا ہے

یا یہ کہ ؎

تارہ ٹوٹتے دیکھا سب نے پر، نہیں دیکھا ایک نے بھی
کس کی آنکھ سے آنسو ٹپکا، کس کا سہارا چھوٹ گیا

تو ایک مزاح نگار بھی فریاد بلند کر سکتا ہے کہ ایک مسکراہٹ کے اہتمام کے لئے اس کو اپنے کئی آنسوؤں کو پلکوں پر روکنا پڑتا ہے۔ مزاح نگاروں کی یہ بے مزاح زندگی شاید ان کے قدردانوں کی ناقدری کا نتیجہ ہے۔

سعدی شیرازی نے فرمایا ہے:

"خوش دل مزدور زیادہ کام کرتا ہے" اگر مزدور کی جگہ ہم —— مزاح نگار کو کھڑا کر دیں —— اس کو خوش دل بنا دیں تو ہماری زندگی میں

خوشی کی مسکراتی کلیوں کے کتنے ڈھیر نہ لگ جائیں گے۔ اور ہم سمجھتے ہیں خوش دلی کے مطالبے میں مزاح نگار حق پر ہے۔ وہ آپ کو ہنساتا ہے، آپ کے لطف و انبساط کا سامان بہم پہنچاتا ہے۔ اب یہ آپ کا کام ہے کہ اس کو اس کاوش کا منصفانہ صلہ دیں۔ ــــــ بہرحال یہ معاملہ آپ کا اور اِن فن کاروں کا ہے آپ جس طرح چاہیں اس کو طے کریں۔ ہمارا ارادہ تو خاموش بیٹھ جانے کا ہے۔

(مزاح نگاروں کے سالانہ اجتماع منعقدہ ۱۹۶۸ء میں پڑھا گیا)

■■

۳۸

مالن بی

حیدرآباد کی گھریلو زندگی میں ماما کا مقام ستون کا تھا۔ جس ہانڈی میں ماما کی چوڑیوں کی جھنکار نہ گونجتی، اس کے پکوان کو ذائقہ نصیب نہ ہوتا۔ جس کلج کو ماما کی تائید نہ ملتی اس کی بیل منڈوے نہ چڑھتی۔ جس گھر سے ماما کی آواز بلند نہ ہوتی اس کی رونق کو ہنگامہ حاصل نہ ہوتا۔ حیرت تو اس واقعہ سے ہوتی ہے کہ اس گھریلو مخلوق نے اس عملداری کو محلوں کی خلوت گاہوں تک وسیع کردیا تھا۔ اسٹیٹ آرکائیوز کے ذخیروں میں میں نے قدیم آصف جاہی بادشاہوں کے ایسے حکم نامے دیکھے ہیں جن پر جلی حروف میں مرقوم ہے۔

"بذریعہ ماما جمیلہ یا بذریعہ ماما نصیبن" اور پھر اس کے نیچے حکامات کی تفصیل ——— اب اس حیرت کی ذہنی فضا میں سوچتے بیٹھئے ——— یہ اشرف مخلوق، اپنی تخلیق میں محنت اور محبت کے اجزا کے ساتھ فراست کا کتنا متوازن جزو شامل رکھتی تھی۔ اس میں کوئی شک نہیں کہ اب اِن کا دورِ حکومت ختم ہوچکا ہے۔ لیکن اب اگر کہیں کوئی باقی ہے تو اسی شان سے اس کی حکمرانی باقی ہے۔

"مالن بی! چھ دفعہ آواز دے چکی ہوں۔ اور آپ اب تشریف لائی ہیں؟"

اُدئی! بی بی پاؤں میں میرے پہیئے لگے ہیں گیا؟۔ اور سچ بولے بی بی بڑھاپا

تشریف لاتا ہے۔ زمین پو پاؤں رکھے تو زمین چھوڑتی چھوڑتی نئیں ارے ارے۔"
اور مالن بی نے دونوں ہاتھوں سے اپنی کمر پکڑلی۔ میں نے کتاب پر سے نظر اٹھائی
گول، بیضوی اور چوکور ان تینوں وضعوں کا ایک ملا جلا چہرہ۔ سانولی، بجھی بجھی سی
سایہ دار رنگت، پیشانی پر جھریوں کا جمگھٹ، اس جمگھٹ میں پسینہ کا پن گھٹ
آنکھیں چھوٹی مگر روشن اور لانبی۔ چھوٹا قد فربہی کو ابھارتا ہوا۔ چھینٹ کا
پاجامہ، ململ کا کرتا۔ مشروع کا تارزنار واسکوٹ۔ تیلیا رومال سرپوش۔
"مالن بی آج میں صحن میں سوؤں گی۔" مالن بی کا سیدھا ہاتھ تعجب کا
موڑ کاٹتا ہوا اُن کے ہونٹوں پہ جا رکا — اور کلمہ کی انگلی کھٹ سے ناک کی
چوٹی پر ٹک گئی!
"اوئی بی بی! صحن میں؟" میں نے ذرا سخت لہجہ میں پوچھا:
کیوں کیا قباحت ہے؟
قباحت کیا ہوتی وہ تو مجھے معلوم نہیں۔ پن میری نانی کہتی تھی، کھلے آسمان
کے نیچے نئیں سونا ماں —— پھولاں کچھ باتاں کرتئیں، ہوائیاں کچھ پھونکتئیں۔
ہور چاند کو تو بس ٹک ٹک دیکھنا آتا ہے۔——"
واہیات چپ رہو ——" میں نے ڈانٹ دیا۔
مالن بی بڑبڑانے لگیں۔ "بھلے کی بات بولو ڈانٹنیاں سنو۔ کیا زمانہ
آگیا ہے ماں۔"

اس رات میں صحن میں سوئی۔ لیکن مالن بی نے بھی اپنا بچھونا میرے پائنتی
میں ڈال لیا۔ اُن کے خرّاٹے تمام رات چاندنی کی نیند پہ سنگ باری کرتے رہے۔
صبح جب انھوں نے امّی سے جوڑوں کے درد کی شکایت کی تو امّی نے باہر سونے
کو اس کا سبب گردانا۔ مالن بی نے اپنی صفائی میں کہا۔
"کیا کروں، بی بی باہر سونے پر تُل گئی تھیں۔ ان کو اکیلے کیسے سونے دیتی۔"

۴۰

اِس محبت کا کیا مقام ہے جو ہر قدم پر قربان ہونے کے بہانے ڈھونڈتے ہے ۔ یقیناً وہ فرش نہیں جس پر مالن بی کھڑی ہیں ۔ !!

گھر کے بچوں کے ساتھ محبت ان ماماؤں کی خصوصیت ہوتی ہے ۔ جن کے کوئی اولاد نہیں ہوتی ۔ بلکہ جن کا دُنیا میں کوئی نہیں ہوتا ۔ جو مامائیں شوہر اور بچے والیاں ہوتی ہیں ۔ وہ گھر والوں کو ثانوی حیثیت دیتی ہیں ———

ایک مرتبہ بابا کو صبح کہیں جانا تھا ۔ میں ناشتہ لانے باورچی خانے میں گئی تو دو پراٹھے تیار تھے ۔ اور انڈا توّے پر تھا ۔ میں نے اُٹھتے ہوئے مالن بی سے کہا ۔ "بابا کھانے کی میز پر آگئے ہیں" لیکن مالن بی نے ذرا کھسیاتے ہوئے جواب دیا ۔ "بی بی میری بہن کے داماد کو بھی سات بجے کی بس سے گاؤں کو جانا ہے ۔ پہلے اس کو ناشتہ کر لینے دیو ——— آپ جاؤ میں سرکار کے واسطے ابی ناشتہ لاتیوں ———"

ایک دن میں نے دیکھا کہ مالن بی کی جگہ اَنّی دھوئیں میں گھُٹ رہی ہیں ۔ چولھے کی گرمی میں پسینہ پسینہ ہو رہی ہیں ۔ میں نے صدرِ مقام کی اس تبدیلی کی وجہ پوچھی تو معلوم ہوا کہ مالن بی خفا ہو کر چلی گئی ہیں ۔ خفگی اس بات پر تھی کہ وہ تین دن بخار میں پھنکتی رہیں اور سب نے اُن کی مزاج پرسی کی سوائے بابا کے اور اُنھوں نے اس گھر کو پیٹھ دکھادی جہاں اُن کے خلوص کی ایسی ناقدری ہوئی کہ مزاج پرسی کے دو لفظوں کا بھی مستحق نہ سمجھا گیا ۔ بابا خود اُن کے گھر گئے ۔ ایک درجن موسمبیاں ان کی بھینٹ کیں اور ایسا طرزِ عمل رکھا جیسے ابھی ابھی ان کو مالن بی کی علالت کی خبر ملی ہو ۔ بابا سے پہلے ہی مالن بی واپس آ گئیں ۔ میری ایک سہیلی مالن بی کی جاں نثار وفاداری کو بہت ٹوکتی ہے ۔ اور اس کو یہ پسند نہیں کہ ، مالن بی کے ساتھ گھر والوں کا سا سلوک کریں ۔

"یہ مامائیں بڑی بددماغ ہوتی ہیں" وہ اپنی دریافت مجھ تک پہنچاتی ۔ میں

اُس کو گھورنے لگتی۔ اور وہ اپنے نظریہ کا پس منظر پیش کرتی۔ گھر میرا فلم اسٹوڈیو بنا ہوا ہے۔ میں اپنی ماما کو ماما جی پکارتی تھی۔ ایک دن وہ پلٹ کر کھڑی ہو گئیں۔

"بیگم صاحبہ! آپ مجھے ماما جی کیوں پکارتی ہیں"؟ میں نے پوچھا۔ کیوں اس میں کیا خرابی ہے؟ ماما جی نے کہا: بیگم صاحبہ میرا بھی تو ایک نام ہے۔" میں ذرا بوکھلا گئی۔" تو۔؟" ماما جی نے صحن میں اترتے ہوئے اعلان کر دیا۔ مجھے آپ سائرہ بانو پکارا کیجئے۔ مجھ پر ہنسی کا دورہ سا پڑ گیا۔ اور بیچاری سہیلی حیرت سے مجھے تکتی رہ گئی کہ یہ کونسا موقع ہنسی کا ہے۔

ہاں تو بات ہماری ماما کی تھی ـــــ ماما کیوں کہوں ـــــ اس میں مجھے تحقیر کا پہلو نظر آتا ہے۔ میں کہوں گی۔ مالن بی ـــــ! وہ ہیں تو گھر ہے گھر والے ہیں۔ آپ کا کام صرف حکم جاری کرنا اور ان کا کام تعمیل۔ بہرحال تعمیل عمدہ تعمیل۔

"مالن بی، آج رات کے کھانے پر آٹھ مہمان رہیں گے۔" اور رات میں آٹھ مہمان صاحبِ خانہ کی مدارات کے گُن گاتے ہوئے رخصت ہوں گے۔ یہ آٹھ تو معمولی لوگ ہیں ـــــ میری مراد ہے معمولی تعداد۔ آپ تقریبوں کا تعین کر دیجئے۔ بسم اللہ، گُل پوشی، شادی، چھلّہ، چھٹّی ـــــ پھر دیکھئے مالن بی کی کرشمہ کاری۔ چراغ کے جن نے جیسے اپنی جنس بدل لی ـــــ اور مالن بی بن کر آیا۔ ایک ایک چیز نظر میں۔ ایک ایک انتظام کا خیال ـــــ پکوان کی دیکھ بھال، نشست کا انتظام۔ اور پھر رسموں کے وقت پیش پیش کبھی ڈھول پیٹ رہی ہیں۔ کبھی گا رہی ہیں۔ اور آخر میں اپنی دیرینہ مہارت کا فخریہ طور پر مظاہرہ کرتے ہوئے رسم کو مسلمہ طریقوں سے انجام دلوا رہی ہیں۔ ان مصروفیتوں کے باوجود چپلوں اور جوتوں پر نظر رکھنے والی ماماؤں، آیاؤں، اور چھوکریوں پر مالن بی کی شاہینی نگاہ ـــــ مجال ہے جو کوئی اپنے ہاتھ کی

صفائی دکھلانے میں کامیاب ہو جائے۔ تقریب کے دوسرے دن کی صبح بڑی بے کیف ہوتی ہے۔ لیکن مالن بی اسی مستعدی اور تندہی سے فرش اُٹھوانے، برتن دُھلوانے اور روزمرہ کا ماحول جمانے میں جُتی رہتی ہیں۔ وہی تو ہیں جو ہمارے لئے زندگی کو ایک تقریب مسلسل بناتی ہیں۔ میں نے مالن بی کی علالت کا ذکر کیا تھا۔ اب سُنئے کہ دوسروں کی علالت میں اُن کا کیا حال ہوتا ہے۔

مالن بی کا دعویٰ ہے کہ دُنیا کی کوئی بیماری ایسی نہیں ہے جو اُن کو لاحق نہ ہوئی ہو۔ اس لئے وہ اپنے آپ کو ہر بیماری کا بیمار اور ہر بیماری کا طبیب بھی سمجھتی ہیں۔ گھر میں اگر کسی کی طبیعت خراب ہو تو وہ اپنا علاج آزمانے پر مُصر ہو جاتی ہیں۔

مجھے یاد ہے۔ ایک دن میں سخت دھوپ میں کالج سے گھر لوٹی تو بخار کی سی کیفیت طاری ہو گئی۔ امّی کو پریشان دیکھ کر مالن بی باورچی خانہ سے کوئی چیز اُٹھا لائیں اور آہستہ آہستہ میرے تلوؤں پر رگڑنے لگیں۔ مجھے محسوس ہوتا تھا کوئی گول گول چیز ہے۔ جو میرے تلوؤں پر دبتی ہے تو پھوٹ جاتی ہے۔ اِس علاج کا اثر یہ ہوا کہ آدھ گھنٹے کے اندر ساری گرمی کافور ہو گئی۔ اور میں بھلی چنگی ہو بیٹھی۔ اب جو میں مالن بی سے پوچھتی ہوں، آخر وہ کیا چیز تھی جس کو تلوؤں پر رگڑنے سے اِس قدر جلد افاقہ ہو گیا تو وہ اپنی مخصوص ایک طرفہ مسکراہٹ کے ساتھ خاموش ہو رہتی ہیں۔ ان کی ایک طرفہ مسکراہٹ کا خاصہ یہ ہے کہ ان کی سیدھی جانب کے نیچے اوپر کے دانت گر گئے ہیں۔ البتہ بائیں جانب کی دونوں صفیں سلامت ہیں۔ اس لئے وہ جب بھی مسکراتی ہیں سیدھے رُخسار کے گڑھے کو اپنی مسکراہٹ کا Runway بناتی ہیں۔ بخار کھانسی سے لے کر دمہ اور فالج تک مالن بی کی حکمت کی رسائی ہے۔ اور اس معاملے میں گھر والوں کی ہی تخصیص نہیں۔ محلے میں کسی کے بھی بیمار ہونے کی خبر مل جائے تو مالن بی اس کے سرہانے پہنچ

جاتی ہیں ـــــ

مالن بی کا دوسرا محبوب مشغلہ ہے دُوسروں کی گتھیوں میں اُلجھنا اور اپنی اُلجھن سے سُلجھاؤ کی صورت نکالنا۔ فجر کی نماز کے بعد بابا کا ناشتہ تیار کیا۔ امی کو گرم پانی دیا اور وہ محلہ کی ہوگئیں۔ کہیں سننے میں آتا ہے کہ مالن بی کسی کرایہ دار کو گھر سے نکلوا رہی ہیں۔ کبھی سننے میں آتا ہے کسی زمین پر جھونپڑی ڈالنے والے کو آڑے ہاتھوں لے رہی ہیں۔ کبھی سننے میں آتا ہے کہ ساس بہو میں مصالحت کروا رہی ہیں۔ اور کبھی سننے میں آتا ہے کہ کسی گستاخی پر نوکر کو اس کے مالک سے پٹوا رہی ہیں۔ اور کبھی سننے میں آتا ہے کہ کسی پڑوسن کی نانی کراچی میں مرگئی ہے تو مالن بی اُس کے گھر میں اکیلی بیٹھی رو رہی ہیں۔ کیونکہ وہ اپنی خالہ کو اطلاع دینے کے لئے دارالشفا گئی ہوئی ہے۔ مالن بی کے رونے پر مجھے ایک واقعہ یاد آرہا ہے کہ ہمارے گھر میں شادی کی چہل پہل تھی۔ رات دیر تک گانا بجانا ہوتا رہا جب لوگ سونے کے لئے اٹھے۔ میں نے دیکھا کہ مالن بی نے فرش پر بکھرے ہوئے پھول چُن کر اپنے پلّو میں باندھ لئے۔ مجھے حیرت ہوئی۔ لیکن میں چُپ ہو رہی۔ مالن بی اپنے کمرے میں چلی گئیں۔ میں اپنے کمرے میں آگئی۔ سونے سے پہلے مجھے خیال آیا کہ الماری کی کنجیاں مالن بی کے پاس ہیں۔ کنجیاں لانے گئی تو دروازہ میں ٹھٹک کر رہ گئی۔ مالن بی کے سامنے صندوق کھلا تھا۔ اور وہ ایک زرد رنگ کے کرتے اور ڈوپٹے کی تہوں میں موتیا کے پھول جما رہی ہیں۔ صندوق بند کر کے انھوں نے پلٹ کر دیکھا۔ اور میں نے دیکھا کہ اُن کی آنکھوں سے ایک طوفان چھلک رہا ہے۔ جھپٹ کر انھوں نے مجھے ہٹایا۔ اور اپنے رومال کے کونے سے میری آنکھیں پونچھنے لگیں۔ میں نے مسکراتے ہوئے کہا مالن بی آج تو آپ پکڑی گئیں ـــــ

بولو کیا قصّہ ہے ـــــ ؟

کہنے لگیں بی بی غریبوں کا قصّہ کیا۔ ایک بپتا ہے ـــــ

جب میری بات کہیں جمی نہیں تو میری ماں نے میری ایک گوری سہیلی کو دُلہن بنا کر دکھایا۔ دولھے والے راضی ہو گئے۔

طے یہ ہوا کہ آرسی مصحف تک میری سہیلی دلہن بنی رہے گی۔ اور اس کے بعد میں دولھے کے ساتھ جاؤں گی۔ لیکن میرے چچا کا ایک بیٹا تھا اس نے اپنی جلن میں دولھے کے کان تک یہ بات پہنچادی کہ دلہن بدلنے والی ہے۔ دولھا ہوشیار ہو گیا اور آرسی مصحف کے بعد میری سہیلی کو زبردستی اُٹھا کر لے گیا۔ اور میں منجوں کے جوڑے میں گھر بیٹھی رہی۔ آج تک بیٹھی ہوں۔ میں مالن بی سے لپٹ گئی۔ مالن بی یہ سمجھتی رہیں کہ میں رو رہی ہوں ــــــ اور میں ہنستے ہنستے بے حال ہو گئی۔

مالن بی ہر فن مولا ہیں۔ کچھ تو خود ان کی طبیعت استادانہ ہے۔ اور پھر ملازمت نے اُن کو ہر گھاٹ کا پانی پلوا دیا ہے۔ اب تک وہ حکیم، وکیل، امین پولیس، سررشتہ دار، عدالت اور ایک وظیفہ یاب تحصیل دار کا گھر سنبھال چکی ہیں۔ اس لئے ہر معاملہ میں وہ اپنی رائے کے ساتھ ساتھ تجربے کا حوالہ دیتی ہیں۔ اور کہنا پڑتا ہے مستند ہے اُن کا فرمایا ہوا۔

اُن کی ایک آرزو ہے کہ وہ کسی وزیر کے ہاں بھی کام کریں۔ ان کا دعویٰ ہے کہ چھ مہینے کے اندر وہ اس وزیر کو بادشاہ بنا دیں گی ــــــ رات کے وقت مالن بی ایک خاص جولانی کے ساتھ زندگی کا جائزہ لیتی ہیں۔ دن اُن کے نزدیک کاروبار کے لئے ہوتا ہے اور رات جینے کے لئے۔ کسی کو نیند آتی ہے تو وہ بہت چراغ پا ہوتی ہیں۔ کہتی ہیں جو سویا سو کھویا ــــــ وہ کہانیوں کے انداز میں ماضی کی داستانیں دُہراتی ہیں۔ گیت گنگناتی ہیں۔ پہیلیاں بُجھواتی ہیں۔ ایک دن میں نے دیکھا سارا گھر سو رہا ہے اور وہ تنہا اپنے آپ باتیں کرتی بیٹھی ہوئی ہیں۔ نئے زمانے سے ان کو بڑی شکایت ہے۔ لیکن آج

تک اپنے زمانے کے سوائے کسی نے دوسرے زمانے کو پسند کیا ہے ۔ !

مالن بی اگرچہ گھر یلو علاج کی ماہر ہیں۔ لیکن اپنی حد تک وہ ہمیشہ ڈاکٹری علاج چاہتی ہیں۔ میں اُن سے پوچھتی ہوں، کیا مالن بی مرنے کا ارادہ نہیں ہے ؟ تو امّی بابا مجھے گھورنے لگتے ہیں۔ مالن بی چلی جاتی ہیں تو امّی سرگوشی کے انداز میں مجھ سے کہنے لگتی ہیں۔ بیٹا مالن بی نے تمہیں رات رات بھر اپنی گود میں سنبھالا ہے۔ اور تمہیں یاد ہے جب تمہیں Ph.D. کی ڈگری ملی تھی، مالن بی نے سوا سو روپے کی ساڑی تحفہ میں دی تھی۔ سوا سو روپے اس کی اپنی تنخواہ کے تھے۔ وہ تمہارے لئے جیتی ہے۔ بیٹا اس کو جینے دو۔

میں مالن بی کے کمرے میں جا گھسی۔ وہ اپنے بائیں پاؤں کے انگوٹھے کو ڈوری سے کستے ہوئے کراہ رہی تھیں۔ دہلیز ہی سے میں نے پکارا۔ مالن بی زندہ باد ـــــ مالن بی چاہے کیسے ہی خراب موڈ میں کیوں نہ ہوں ـــــ! زندہ باد کا نعرہ ان کو خوشی کی فضا میں اچھال دیتا ہے ـــــ !

▬▬

۴۶

کُتّے

ایک عجیب وغریب واقعہ اس مضمون کا محرک ہوا

مَیں کھڑکی سے سڑک کا نظارہ کر رہی تھی کہ ایک لنگڑا فقیر کہیں سے آموجود ہُوا۔ اس کی معذوری پر مجھے ترس آیا اور میں اس کی مدد کے تعلق سے سوچنے ہی لگی تھی کہ ایک کتّا اس فقیر پر بھونکتا ہوا لپکا۔ فقیر کو مجھ سے کچھ آس بندھ گئی تھی، اس لئے اُس نے کتے کی طرف توجہ نہ کی۔ کتے نے بھونکتے بھونکتے ایک جست لگائی۔ اور اس کی لنگڑی ٹانگ پر دانت جڑ دیئے۔ فقیر نے ایک جھٹکے کے ساتھ ٹانگ چھڑائی، اور میری پھٹی پھٹی آنکھوں کو پلٹ کر دیکھے بغیر" دونوں پاؤں" دوڑتا نکل گیا ــــ! میں نے کتّے پر نظر ڈالی تو وہ دم ہلاتا میری طرف دیکھ رہا تھا۔ مجھے اپنی کوتاہی کا اعتراف کرنا ہی پڑا۔

"کُتّے ــــ! تم مجھ سے اچھے، تمہاری بصیرت مجھ سے زیادہ تیز، تم مجھ سے زیادہ مردم شناس ــــ"

میں کھڑکی سے ہٹ آئی اور ماما جی کے اصرار پر ان کے داماد کو چٹھی لکھنے بیٹھی تو اس مضمون کا عنوان کاغذ پر اُتر آیا ــــ کتّے۔

ماما جی نے پوچھا: "کیا لکھیں بی بی۔؟ میں نے جواب دیا ــــ کُتّے۔

ماما جی نے چٹ چٹ میری بلائیں لیں اور میں لکھنے میں جُت گئی۔

کتّوں کی کئی قسمیں ہیں :

شجرہ دار ، مجہول النسب ، برّی ، بحری ، للّی پٹ ، گلبور ، چھلّے ہوئے ۔ بال دار ـــــ غرض اتنی گوناگوں قسمیں ہیں ان کتّوں کی کہ میں تفصیل میں جاؤں تو شبہ ہوگا کہ انسانوں کی قسمیں گنانے لگی ہوں ۔ اس لئے میں کتّوں کو اُن کی شہریت کے منطقوں میں تقسیم کرنا مناسب سمجھتی ہوں ، مثلاً : ریلوے اسٹیشن کے کتّے ، دواخانوں کے کتّے ، مارکٹ کے کتّے ، دھوبی گھاٹ کے کتّے ۔ اور چند خاص کتّے ۔ ہر کتّا اپنے منطقہ کا شیر ہوتا ہے اور کسی دوسرے منطقے کے کتّے کو اپنی عملداری میں گھسنے نہیں دیتا اور نہ ہی خود اسے اس قسم کی مداخلتِ بے جا بہ منطقہ دیگر کی ہمت ہوتی ہے ۔ کیونکہ اس کے منطقے میں جو انصاف وہ دوسروں کے ساتھ کرتا ہے ، اُسے یاد رہتا ہے ۔

ریلوے اسٹیشن کے کُتّے :-

نہ جانے یہ کتّے کس سفر پر نکلتے ہیں اور انھیں کس ٹرین کا انتظار ہوتا ہے کہ پلیٹ فارم پر ہی پڑے رہتے ہیں ۔ ریل کی پٹریوں پر سو رہے ہیں ، مسافروں کے توشہ دانوں کو سونگھ رہے ہیں ۔ قلیوں کے پتھر کھا رہے ہیں ، لیکن ٹرین کا انتظار ہے ۔ پلیٹ فارم پر ٹہلائی ہوتی رہتی ہے ۔ اس ٹہلائی میں کوئی ریل کے پہیوں کی زد میں بھی آجاتا ہے ـــــ بچ گیا تو لنگڑاتا پلیٹ فارمی ، مرگیا تو مسافرِ ملکِ عدم ـــــ

سُنا ہے کہ ٹوکیو کے ایک اسٹیشن پر ایک کتّے کی قبر ہے ، لیکن وہ کتّا پلیٹ فارم کا باشندہ تھا ۔ وہ اپنے مالک کو گھر پہنچانے کے لئے اسٹیشن آتا تھا ۔ اتفاق سے اس کا مالک اس کالج میں مرگیا جہاں وہ پڑھانے جاتا تھا اور اپنے گھر واپس نہیں ہوا ۔ لیکن یہ کتّا مرتے دم تک وقتِ مقررہ پر اسٹیشن پہنچ جاتا اور ایک دن پلیٹ فارم پر ہی اس کا انتقال ہوگیا ۔ لیکن یہ بات جاپان کی ہے ۔ ہمارے یہاں پلیٹ فارم

کے کتّے توشہ چور اور بہت رولی خور ہوتے ہیں۔ بعض مسافر تو ٹرین کے وقت پر آنے کی دعائیں اس لئے بھی مانگتے ہیں کہ ان کتّوں سے پیچھا چھوٹے۔ لیکن یہ کتّے بہت مسکین اور بے بھونک ہوتے ہیں۔ یہ آپس میں گتھم گتھا تو ہوں گے، لیکن اگر غلطی سے کسی مسافر سے ٹکرا جائیں تو نہایت ادب سے دُم دبا کر معافی چاہ لیں گے۔ ایک دو دیدہ دلیر ایسے بھی رونما ہوتے ہیں کہ جو کسی اُونگھتے مسافر کا توشہ لے کر چمپت ہو جاتے ہیں۔ مسافر اس کے پیچھے دوڑ آتا ہے اور ٹرین سیٹی بجاتی ہوئی نکل جاتی ہے۔

دواخانے کے کتّے :

یہ کتّے رات کے راجہ ہوتے ہیں۔ دن بھر درختوں کی ٹھنڈی چھاؤں میں سوتے رہتے ہیں اور رات کو نرسوں اور ڈاکٹروں کی Night duty کے ساتھ ان کی ڈیوٹی بھی شروع ہو جاتی ہے۔ ان کی ڈیوٹی یہ ہے کہ یہ نہایت ہوشیاری سے مریض کا دودھ شوربہ اور ڈبل روٹی چٹ کر جائیں۔ اس لئے مریض دُبلے، قریب المرگ اور کتّے صحت مند اور بعید المرگ ہوتے ہیں۔ ریلوے اسٹیشن کے کتّوں کی طرح یہ بھی بہت کم سخن ہوتے ہیں۔ حتیٰ کہ بلّی اگر ان سے پہلے دودھ کی دیگچی تک پہنچ جائے تو یہ اُس پر بھی نہیں بھونکتے۔ مریضوں کے آرام اور نیند کا اتنا خیال اِن کو ہوتا ہے۔

مارکٹ کے کتّے :

ان کتّوں کا حقیقی وطن گوشت اور مچھلی کی دوکان ہے، کبھی یہ ترکاری کی دوکانوں کی طرف چہل قدمی کے لئے نکل آتے ہیں اور ترکاریوں کو تروتازہ رکھنے کے لئے پابردانستہ آب پاشی کی بھی سعی کرتے ہیں۔ اِن کتّوں میں، ہٹیے بھائیوں کی بے حس قناعت کی شان ہوتی ہے۔ جو کچھ قصائی کی عنایت سے مل گیا، اس سے پیٹ بھر لیا اور ایک کونے میں پڑ رہے۔ دکاندار بچا کچا کھانا پھینک دیں تو ان کی مہربانی۔ معلوم نہیں مارکٹ کی خوراک کا کونسا جزِ افیون کی تاثیر کا حامل ہوتا ہے کہ اِن کتّوں کی آنکھوں میں ایک مستانہ ڈھلک آجاتی ہے اور چال میں موسیٰ ندی بہتی ہے۔

دھوبی گھاٹ کے کُتّے :

دھوبی گھاٹ کے گدھے مشہور ہیں۔ لیکن یہاں کتّے بھی پائے جاتے ہیں چونکہ یہ شہرت پسند نہیں اور صرف اپنے مالکوں کی سنگت کے لئے گھاٹ تک آتے ہیں، اس لئے تذکروں میں ان کو جگہ نہ مل سکی۔ یہ کتے اپنے مالک کے گدھوں کو چھوڑ کر دوسرے گدھوں کی دُم کو دانتوں کی صفائی کے لئے استعمال کرتے ہیں۔ بعض اوقات وہ کپڑوں کی حفاظت کا فرض بھی انجام دیتے ہیں۔ دھوبی کے بچے اِن کتوں کی دُموں کو پٹاخوں کی لڑیوں سے سجاتے ہیں اور پٹاخوں کی پھٹ پھٹ کے ساتھ کتوں کی کیں کیں ایک دلچسپ تماشا پیش کرتی ہے۔

گلیوں کے کتے :

ایک سرسری اعداد و شمار کے لحاظ سے ان کتوں کی تعداد دنیا کے جملہ کتوں کا ۷۵ فیصد ہے۔ کتوں کو گلیوں سے جو فطری لگاؤ ہوتا ہے وہ محتاج بیان نہیں۔ آپ کسی کتے پر رحم کھا کر اسے اپنے گھر میں پناہ دینا چاہیں تو وہ پہلے موقع پر بھاگ نکلے گا دوبارہ جب آپ اسے گلی میں گھومتا دیکھیں گے تو وہ آپ کی نظر بچا کر کسی دوسری گلی میں گھس جائے گا اور فضا میں ایک گونج سنائی دے گی "ہم کو ہیں پیاری ہماری گلیاں"۔ ان گلی کے کتوں کو لڑائی جھگڑا کرنے کی خاص مشق ہوتی ہے۔ جب کوئی ہم سخن نہ ملے تو یہ کسی گھر کی پالتو مرغی یا درخت کی گلہری سے ہی جھگڑا مول لیتے ہیں۔ زمانے سے بھی ان کو شکایت رہتی ہے۔ کیونکہ اکثر راتوں میں وہ پوری قوت سے نالہ کناں ہوتے ہیں۔ جیسے انسان سے زیادہ وہی مظلوم ہیں۔ اِن کتوں سے بلدیہ کو خاص نسبت شہری ہے اور یہ منظر تو ہمارا دیکھا ہوا ہے کہ ان کتوں کی گرفتاری کے لئے جو گاڑی نکلتی ہے اس کو دیکھتے ہی یہ کتے اپنا سارا کتا پن بھول جاتے ہیں۔ اور رسّی کے پھندے میں بے محابا گردن ڈال دیتے ہیں۔ ورنہ یہی کتے ہوتے ہیں جو بیچارے سیکل سے اُترنے والوں کی ٹانگ کو آسمان سے ٹپکی ہوئی ہڈی سمجھ کر جھپٹتے ہیں۔ ان کتوں کی افزائش

ایک تخلیقی معمہ ہے۔ ایک کتا دفع ہوتا ہے، دو کتے آموجود ہوتے ہیں، اور گلی کبھی سنسان نہیں ہونے پاتی۔ ان ہی کتوں سے خارشی کتے اور دیوانے کتے اٹھتے ہیں، جن سے اس قوم کا ڈنکا بجتا ہے۔

دربان کتے:

بعض گھروں میں تختیاں آویزاں رہتی ہیں ـــــ کتوں سے خبردار ـــــ اندر خوفناک کتے ہیں ـــــ لیکن تجربہ شاہد ہے کہ کتوں سے زیادہ گھر والے درندہ صفت ہوتے ہیں، اور دراصل ان ہی سے خبردار رہنا چاہئے۔ یہ کتے صرف اپنی ہیئت میں خوفناک ہوتے ہیں اور اکثر اپنے ہی مالکوں کو گھر میں گھسنے نہیں دیتے۔ خطوط رسانوں سے البتہ ان کو خدا واسطے کا بیر ہوتا ہے۔ آپ اگر کسی کی پتلون کے پائنچے پھٹے ہوئے دیکھیں اور تحقیق کریں تو وہ ڈاکیہ ہی نکلے گا۔ مجھے یقین ہے۔

گود کے کتے:

یہ کتے، سگ پرستوں کے پروردہ ہوتے ہیں، کبھی یہ بلیوں کی جسامت کے ہوتے ہیں۔ پوچھنا پڑتا ہے، کتے تم بلی ہو؟ اور کبھی گائے کے بچھڑے کا ڈیل ڈول ہوتا ہے۔ اور اگر دم ٹیڑھی نہ ہو تو گائے کی ممتا دھوکا ہی کھا جائے۔ ہر دو کی زندگی عیش کے ہولے میں گذرتی ہے۔ ان کا کوئی مقصدِ حیات نہیں ہوتا۔ اچھا اچھا کھانا، گودوں میں پھلنا پھولنا اور بس ـــــ

ہماری ایک جان پہچان کی خاتون ہیں۔ وہ دہلی سے واپس آئیں تو میں نے پوچھا سیر تو خوب ہوئی؟ کہنے لگیں، نہیں منے، سیر ابھی شروع ہوئی تھی کہ بھاگ آنا پڑا۔ میں نے کہا ـــــ جی ہاں۔ آپ کے ہزبنڈ کا مزاج ناساز تھا، آپ کے جاتے وقت ـــــ انھوں نے اپنے چہرہ پر رنج کی کیفیت طاری کرتے ہوئے کہا وہ تو خیر بیمار تھے ہی، شیرو کی علالت کی خبر سن کر کھڑی کھڑی چلی آئی ـــــ میں نے معصومیت سے پوچھا ـــــ کیا عمر ہے آپ کے بچے کی؟ کہنے لگیں،

بچہ نہیں جی، میرا کتا، میرا شیرو ــــــ ان کتوں کا علحدہ باورچی اور ڈاکٹروں کا منظورہ پکوان ہوتا ہے۔ ایک کتے کے مالک کو میں نے یہ کہتے ہوئے بھی سنا ہے۔
"اب مجھے اجازت دیجئے، ریزر کو شام کی ٹہلائی کے لئے لے جانا ہے۔"
یہ کتے ہر مہمان کی آنکھوں میں آنکھیں ڈال کر دیکھتے ہیں اور شوقِ دست بوسی میں دو پایہ بیتاب رہتے ہیں۔ ان کتوں کا شوق بڑا مہنگا ہوتا ہے۔ ہم نے خفیہ طور پر گھر کی ماما سے یہ بات معلوم کی ہے کہ ان کتوں کے مالک زیادہ سے زیادہ کھانے اپنے دوستوں اور عزیزوں کے پاس کھاتے ہیں۔ اور ان کی نسل کو تحفتاً فروخت کرکے اپنے باورچی خانے سے دھواں اٹھاتے ہیں۔

ایک جدید قسم پولیس کے کتوں کی اخباروں کے ذریعہ متعارف ہوئی ہے اور سرکاری آؤ بھگت کے مزے اڑاتی ہے۔ چوری کی وارداتوں میں ان سے کام لیا جاتا ہے اور اکثر صورتوں میں ان کی سراغ رسانی جس مقام پر رکتی ہے وہ ایک ناکردہ گناہ کا ٹھکانہ ہوتا ہے ــــــ ہمارے ملازم غفور کا کہنا ہے کہ اس بھیس میں خود انسان جاسوس چھپے ہوتے ہیں۔ اور یہ بات کچھ زیادہ مبالغہ پر مبنی نہیں کیونکہ انسان میں کتوں کے خصائل سب جانوروں سے زیادہ دریافت ہوئے ہیں، ویسے اس اشرف المخلوقات کے اندر دنیا کے ہر درندے اور چوپایہ کی مناسب نمائندگی کا انتظام ہے۔ ایک صاحب ازراہِ اعتراف حقیقت اپنے پیٹ ہی کو کتا بتاتے ہیں کہ اس پیٹ کی خاطر انسان وہ سب کچھ کرتا ہے جو کچھ کتا کر سکتا ہے اور جو کچھ کتا کر نہیں سکتا۔

اب جگر تھامیئے کہ خاص کتوں کی باری ہے

سب سے پہلے اصحابِ کہف کا کتا ہے کہ انسانوں نے ان بزرگوں کا ساتھ نہیں دیا۔ اس کتے نے دیا۔ اور اپنی عادت کے خلاف ہزاروں راتیں ان کے ساتھ ہم خواب ہو کر حقِ رفاقت ادا کیا۔ اس زمرے میں لیلیٰ کا کتا بھی شامل ہے۔ لیکن وہ صرف مجنوں

۵۲

کی نظر میں لیلی یا اس کے مشابہ تھا۔ قیاس کہتا ہے کہ وہ کُتا کالا ہوگا۔ سب سے زیادہ مشہور تو 'لئیکا' ہے جو خلا کی سیر کو نکلی اور یقیناً چاند پر بھونک آئی۔ وہ دن دُور نہیں جب دُنیا کے سارے کُتے چاند میں پہنچ جائیں گے، اور دُنیا چین کی نیند سوئے۔ اور آہ! سیلون کا وہ کُتا جو اپنے مالک کی گولی کا نشانہ بنا اور اس مالک کا رحم دل پڑوسی اپنی بیوی اور پانچ بچوں کو زندہ درگور چھوڑ کر اس کتے کی خاطر خودکشی کر بیٹھا۔

ان خاص کُتوں کے ساتھ وہ کرتب دکھانے والے کُتے بھی ہیں جو ٹھوکریں کھانے والے انسانوں کے سامنے قندیل منھ میں تھامے چلتے ہیں یا پھر سرکس کے گھوڑوں پر سوار ہوتے ہیں۔ ریاضی کے سوال حل کرتے ہیں۔ ان کُتوں کی دُم کاٹ دیں اور دونوں پاؤں پر کھڑا کر دیں تو ان سے مصافحہ کرتے وقت بیگانگی محسوس نہ ہو ـــــ اور ہاں وہ بھی تو خاص ہی کُتے ہیں جو شیر افگن کہلاتے ہیں اور جنگل میں رہتے ہیں۔ کتے عام ہوں یا خاص، ان کی قطار اتنی لمبی ہوگئی ہے کہ ہر ایک ان کے لئے پتھر تلاش کرے گا اور الزام مجھ پر آئے گا کہ میں نے خواہ مخواہ اتنی بھیڑ جمع کی اس لئے اجازت ہو تو ہز ماسٹر وائس کا ایک ریکارڈ بجاتے ہوئے ان کُتوں کو خلیج بنگال کے راستے پر لگا دیا جائے۔

■■

کیا کیا نہ کیا شہرت کے لئے

ایک زمانہ تھا لوگ کام کرتے اور نام چھوڑتے تھے۔ لیکن آج لوگ کام کرتے ہیں تو نام کے لئے اور اگر بغیر کام کے نام ہو سکتا ہے تو ایسی شہرت کے پیچھے عزت اور دولت لٹا دینے تیار۔ وہ بھی کیا دن تھے کہ ایک ہاتھ سے خیرات کی جاتی تو دوسرے ہاتھ کو خبر نہ ہوتی اور پھر لطف یہ کہ دونوں ہاتھ خالی۔ لیکن آج اگر کوئی دان دینا ہو تو آئے تو اخباروں میں نام ہوگا۔ اور دان کی کوالٹی اور کوانٹٹی کی مناسبت سے شہرت ہوگی وہ لوگ جو نیکی کر دریا میں ڈال کے قائل تھے اب ناپید ہیں۔ اب تو نیکی کی جاتی ہے محض اس خیال سے کہ اس کے ذریعہ شہرت حاصل ہوگی۔

کہا جاتا ہے کہ وہم کا علاج حکیم لقمان کے پاس بھی نہیں۔ آج ہم یہ کہنے پر مجبور ہیں کہ وہم سے بڑھ کر بھی ایک موذی مرض ہے جس کا علاج دنیا کے کسی حکیم، ڈاکٹر اور وید کے پاس نہیں ہے۔ اگر ایک مرتبہ یہ بیماری لگ گئی تو کیا عورت کیا مرد، زندگی بھر کے لئے بیکار ہو گئے اور وہ بیماری ہے شہرت حاصل کرنے کی تمنا ——— ۲۴ گھنٹے بس اسی کی فکر، اسی کا خیال، سوتے جاگتے، اٹھتے بیٹھتے بس وہی ایک دھن کلاسیکی شاعروں کی غزلیں اٹھا کر دیکھ لیجئے اور معشوق کے لئے تڑپ، جستجو اور پرستش کے اشعار پڑھ جائیے۔ آج کے زمانے کا عاشق ان ساری حرکتوں کا متحمل نہیں ہو سکتا آپ ان اشعار کو قلم زد کر دینے کے بجائے شہرت پسندی پر منطبق کرلیں تو از کار رفتہ

۵۴

اشعار کے موزوں استعمال کا ذریعہ ہاتھ آئے گا۔ جس طرح لوہے کی ٹوٹی پھوٹی اشیاء بیکار نہیں ہوجاتیں، اسی طرح ہماری شاعری کا ۳/۴ سرمایہ یعنی غزلوں کا ۳/۴ حصہ یعنی دن رات معشوق کے لئے رونے دھونے اور اس کا پیچھا کرنے کے موضوع پر لکھے گئے اشعار آسانی کے ساتھ شہرت پسند نئے انسان کی حالت پر چسپاں کئے جا سکتے ہیں۔

شہرت حاصل کرنے کے کئی میدان ہیں ـــــ ہر قسم کی شہرت کے لئے علٰحدہ علٰحدہ لوازمات اور صلاحیتوں کی ضرورت ہوتی ہے۔ حصولِ شہرت کا سب سے وسیع اور ساتھ ہی عریض میدان "سیاسی بازی گاہ" ہے۔ اس میدان میں بہت کم کوئی انتہا کو پہنچتا ہے۔ سیاسی شہرت کے لئے کھادی کا لباس، زیب تن کرنا۔ بھوک ہڑتال کرنا، دھرنا دینا، اسمبلی، پارلیمنٹ اور جلسوں میں حکومت کو برا بھلا کہنا ـــ وزرا کے چیمبرز میں ان کی مدح سرائی کرنا جلوسوں کی قیادت کرنا۔ خود سوزی کی دھمکی دینا وغیرہ لازمی عناصر ہیں۔ سیاسی شہرت حاصل کرنے کے لئے عوامی جذبات کا استحصال ضروری ہے۔ وہ تمام نازک معاملات جن کے ذریعہ عوام کو مشتعل کیا جا سکتا ہے، شہرت کا بہترین ذریعہ ہوسکتے ہیں۔ ان موضوعات سے حقیقی دلچسپی لازمی نہیں۔ صرف اشتعال انگیزی کی ضرورت ہوتی ہے۔ مثلاً انگریزی زبان کے خلاف مہم چلانے کے لئے انگریزی میں دھواں دھار تقریریں کرنی پڑتی ہیں۔ اور صحافیوں سے شستہ انگریزی میں گفتگو ضروری ہے تاکہ ان پر زبان دانی کی دھاک بیٹھ جائے اور وہ انگریزی ہٹاؤ تحریک کو خوب اچھال سکیں۔ کوئی صحافی یاد دلا دے کہ آپ تو انگریزی میں بڑی روانی سے بات کرتے ہیں اور اہلِ زبان معلوم ہوتے ہیں تو فوراً جوش میں کہہ اٹھیں گے۔ "کیوں نہ ہو، یہ تو میری مادری زبان ہے" ـــــ

کچھ لوگ سیاسی میدان میں شہرت حاصل کرنے کے لئے صحافیوں کے اعزاز میں آئے دن ایٹ ہوم اور ڈنر ترتیب دینا ضروری سمجھتے ہیں ـــــ نشہ بندی تحریک

ملک میں زوروں پر چلائی جاتی ہے۔ اس تحریک کے قائدین کے بیانات اور دھواں دھار تقریریں آئے دن اخباروں میں چھپتی رہتی ہیں اور یہ تحریک اخباروں میں اس لئے زندہ ہے کہ نشہ بندی کے حامی لیڈر اخبار والوں کے اعزاز میں کاک ٹیل پارٹیاں ترتیب دیتے ہیں اور تقریباً ہر ہفتہ ایسی پارٹی ترتیب دی جاتی ہے۔ کیونکہ ان قائدین کے لئے کسی بار میں بیٹھ کر شراب پینا ممکن نہیں۔ مہمان نوازی، اور ہندوستانی اخلاق کے مظاہرے کے لئے ان کا پارٹیوں میں عملاً شریک ہونا ضروری ہے۔

شہرت کا دوسرا اہم میدان ادب وشعر سے تعلق رکھتا ہے۔ بعض لوگ ایسے ہوتے ہیں کہ جن کو نہ لکھنا آتا ہے نہ ڈھنگ سے پڑھنا، لیکن پھر بھی وہ کسی بڑے ادیب یا شاعر سے خود کو وابستہ کر کے اٹھتے بیٹھتے اس کا وظیفہ پڑھتے اور اس کی تقلید کی کوشش کرتے ہیں۔ ہر وقت اپنے آپ پر شعری وادبی موڈ طاری کئے ہوئے دعوت کے بغیر پابندی کے ساتھ ہر ادبی محفل میں شریک ہوتے ہیں۔ اپنے حلیے کو بلاوجہ اجاڑ کر بال بڑھا لیتے ہیں اور میلے کچیلے کپڑے پہنے، دو چار موٹی موٹی کتابیں ہاتھ میں پکڑ کر کسی لائبریری کی بجائے کسی ہوٹل کو اپنی نشست گاہ بنا لیتے ہیں۔ اپنی آمدنی کا کچھ حصہ ادیبوں اور شاعروں کو دعوتیں دینے میں صرف کرتے ہیں یا پھر کسی مُردہ شاعر کا یوم یا برسی مناتے ہیں۔ بڑے ادیبوں اور شاعروں سے ان کی موت کے بعد قریبی تعلق ظاہر کرتے ہیں۔ اس طرح ادبی حلقوں میں یہ رُوشناس ہو کر شہرت حاصل کر لیتے ہیں۔

کچھ لوگ اپنے آپ کو کسی رئیس یا جاگیردار یا پھر شاہی خاندان کے رشتہ دار بنا کر کام کاج سے منھ پھیر لیتے ہیں، خواہ مخواہ قرضوں میں گرفتار ہو جاتے ہیں۔۔۔ دوسروں سے ہمیشہ اپنے آپ کو بالاتر سمجھتے ہیں۔ ظاہرداری اور تصنع کے اس قدر دلدادہ ہو جاتے ہیں کہ پہننے کو کپڑے نہ ہوں تو کرایہ کے کپڑوں سے کام لیتے ہیں۔۔ جس گھر میں وہ رہتے ہیں اندر سے خواہ وہ ویرانہ ہی کیوں نہ ہو، باہر گیٹ پر

۵۶

گلستان" کا بورڈ لگا کر خود فریبی میں مبتلا رہتے ہیں۔ اور دوسروں کو بھی دھوکہ دیتے ہیں۔ شہرت حاصل کرنے کے لئے انسان اس قدر تگ و دو کرتا ہے کہ دُنیا کی وسعتیں اس کو تنگ معلوم ہونے لگتی ہیں، اور وہ "کچھ اور چاہیئے وسعت میری شہرت کے لئے" کا خیال بسا کر ستاروں سے آگے کی دُنیا میں بھی شہرت حاصل کرنے کی تمنا کرتا ہے۔

یہاں ہمیں ایک صاحب یاد آگئے۔ بیچارے پہلے سیدھے سادے انسان تھے۔ مطلب یہ کہ انھیں شہرت وغیرہ سے کوئی دلچسپی نہ تھی۔ اچھے بھلے تجارت کر لیتے۔ خوب منافع کماتے۔ کالا گورا سب ہی قسم کا خوب روپیہ تھا۔ دن ان کے عید اور رات شب برات تھی۔ بیوی بچوں میں خوش، چین کی زندگی گزارتے تھے۔ ــــــ بھلا ہو چند دوستوں کا جنھوں نے انھیں ورغلایا اور شہرت حاصل کرنے کے گُر سکھائے، ان کی موٹی عقل جو صرف تجارتی داؤں پیچ سے دلچسپی رکھتی تھی اس میں شہرت حاصل کرنے کا خیال بھی داخل کر دیا اور پھر اس جمع شدہ کالی سفید دولت کا بھی تو کچھ مصرف چاہیئے تھا۔! چنانچہ انھوں نے شہرت حاصل کرنا گویا اپنا سائیڈ بزنس بنا لیا۔ بعد میں یہ عالم ہوا کہ ان کا اپنا بزنس سائیڈ بزنس بن گیا۔ اور اکتسابِ شہرت پہ ہر قیمت میں بزنس، اس بزنس میں ان کی سابق بزنس کے برخلاف روپیہ ان کے ہاتھ سے نکل کر دوسروں کی جیب میں پہنچتا ــــــ

سب سے پہلے انھوں نے اسکولوں اور کالجوں کی بزموں کو چندہ دے کر ان کے جلسوں میں افتتاحی، استقبالی یا صدارتی تقریریں کرنا شروع کیں، اور جہاں یہ سَو روپے دیتے ان کی شہرت کے مریل گھوڑے کو دو سو دڑے پڑتے اور وہ سَودا کے پڑوسی کے خارش زدہ گھوڑے کی طرح ؎

مانند نقشِ نعل زمیں سے بجز فنا
ہرگز نہ اٹھ سکے وہ اگر بیٹھے ایک بار

۵۷

دوستوں کے لکھے ہوئے خطبۂ صدارت کو روتے جھینکتے سُناتے اور داد تحسین کی تمنا میں مرے جاتے۔ کچھ دنوں بعد انھیں خبط ہوا کہ اب سیاست کے میدان میں اتر آنا چاہیئے۔ چنانچہ ان کی شروعات ہڑتالی جلوس کی قیادت سے ہوئی۔ قسمت ساتھ دے رہی تھی۔ شہرت کا ستارا چمکنے کو بے تاب تھا۔ چنانچہ شہر کی اہم شاہراہ پر گلے میں خود کے خریدے ہوئے ہار ڈالے، اچھلتے کودتے نعرے لگاتے آگے آگے بڑھے۔ ابھی چند قدم بھی چلنے نہ پائے تھے کہ سامنے سے پولیس نظر آئی۔ مارے گھبراہٹ کے انھوں نے جلوس کو پیچھے کی طرف ڈھکیلنا شروع کیا۔ کہیں بازو ہی ان کا نام نہاد سکریٹری بھی کھڑا ہوا تھا۔ اس نے انھیں یاد دلایا کہ شہرت حاصل کرنے کے لئے گرفتار ہونا بھی ضروری ہے۔ یہ سنتے ہی فوراً اپنے کھوئے ہوئے پانچوں حواس کو جمع کرکے آگے کی طرف بڑھے، مگر اس عرصہ میں پولیس ان کو نظرانداز کر کے جلوس کے درمیانی حصے میں پہنچ گئی تھی۔ انھیں شہرت کا میدان ہاتھ سے جاتا نظر آیا چنانچہ پوری قوت کے ساتھ چلّانا شروع کیا ـــــ انقلاب ـــــ انقلاب۔ اور جس سمت پولیس والے بھاگ رہے تھے یہ ان کے پیچھے دوڑنے لگے۔ کافی بھاگ دوڑ کے بعد ایک پولیس کانسٹبل نے انھیں پکڑ لیا۔ پولیس کے ہاتھ لگتے ہی مارے خوشی کے یہ پولیس وین کی جانب پولیس کانسٹبل کو پیچھے چھوڑ کر ایسے بڑھے جیسے غالبؔ نے قتل ہونے کی حسرت میں جلّاد کو پیچھے چھوڑ دیا تھا۔

دوست احباب جیل میں ملاقات کے لئے پہنچے تو وہ بے حد خوش تھے۔ جیسے کوئی سلطنت ہاتھ آگئی ہو یا کسی چھپے ہوئے خزانے کا پتہ لگ گیا ہو۔ دریافت پر معلوم ہوا کہ یہ ساری خوشی اس لئے ہے کہ اخباروں میں ان کی گرفتاری کی خبریں شائع ہوئی ہیں۔ جیل میں وہ ملاقاتیوں سے ایسے خندہ پیشانی سے ملتے جیسے یہ ان کا اپنا گھر ہے یا پھر۔ ع

عمر گذری ہے اسی دشت کی سیاحی میں

حکومت کو بُرا بھلا کہنا انھوں نے اپنا تکیۂ کلام بنالیا تھا۔

قید سے رہائی کے بعد پھر بھی شہرت ناکافی ثابت ہوئی تو انھوں نے اب دوسری طرف توجہ کی۔ پہلوانوں کی ایسوسی ایشن کو ایک کثیر رقم ادا کر کے اس کے صدر بن گئے۔ اس وقت انھیں یہ نہیں معلوم تھا کہ کشتی کے مقابلوں میں ریفری کے ساتھ ساتھ انھیں بھی پہلوانوں کے مکّوں اور گھونسوں کا نشانہ بننا پڑے گا۔ چنانچہ پہلوانوں کے دو گروہ ہو گئے۔ کسی نزاعی مسئلہ پر بحث کے لئے میٹنگ منعقد ہوئی۔ دونوں گروہ کے ووٹ برابر آئے۔ موصوف نے اپنے کاسٹنگ ووٹ کے ذریعے فیصلہ صادر کرنے کی کوشش کی۔ انجام کار پہلوانوں نے انھیں پہلے والی بال پھر فٹ بال بنایا، اور پھر ایک جھٹکے پر صدر صاحب یہ جا وہ جا ——— !

اتفاق سے چوکیدار کو انعام و اکرام سے نوازا کرتے تھے، وہ ازراہِ ہمدردی انھیں اپنی گود میں اُٹھا کر گھر لے چلا۔ اس حال میں انھیں آتا دیکھ کر بیوی بچوں میں کہرام مچ گیا۔ کئی دن جسم سینکا جاتا رہا، ہوش میں آنے کے بعد سب سے پہلا سوال تھا، یہ ساری تفصیلیں اخباروں میں چھپی کہ نہیں ؟ اور جب انھیں پتہ چلا کہ جلی سرخیوں کے ساتھ تصویر بھی چھپی ہے تو کِھل اُٹھے اور اپنی بے پایاں خوشی ظاہر کرنے کی کوشش کی تو پتہ چلا کہ موصوف کے دانت، ہونٹ، اور جبڑوں کے ساتھ پہلوانوں نے ایسا سلوک کیا کہ وہ اس موقف میں نہیں ہیں کہ اظہارِ مسرت کے لئے استعمال کئے جائیں چنانچہ وہ بلبلا کر رہ گئے۔ بیوی بہت ناراض ہوئیں، اور سمجھایا کہ ایسی ہی شہرت چاہتے ہو تو لڑائی جھگڑوں کی انجمنوں کی بجائے امن کمیٹیوں اور خیر سگالی انجمنوں میں شرکت کرلو، شہرت کی شہرت اور ثواب کا ثواب ——— !

چنانچہ بیوی کے کہنے پر وہ اس قسم کی دو تین انجمنوں کے صدر بن بیٹھے ——— انھیں یہ پتہ نہیں تھا کہ امن کی بحالی و خیر سگالی کی فضا پیدا کرنے کے لئے پہلوانوں کی خدمات بھی حاصل کی جاتی ہیں، چنانچہ امن کمیٹی کے اجلاس میں صدارت کے لئے

۵۹

جیسے ہی یہ داخل ہوئے ان پہلوانوں پر ان کی نظر پڑی جنھوں نے ان کے ساتھ ، "دندان شکن" حرکتیں کی تھیں ۔ بدن پر رعشہ طاری ہوگیا۔ سارے جسم کا خون سمٹ کر چہرے پر جم گیا، منھ فق ہوگیا اور امن کمیٹی کے اجلاس سے اپنی صدارت کو چھوڑکر الٹے قدموں گھر لوٹے لیکن صدارت انھیں کہاں چھوڑنے والی تھی۔ امن کمیٹی کے ارکان نے فیصلہ کیا تھا کہ آج کی میٹنگ کے بعد صدر صاحب کے خرچ پر شہر کی مشہور ہوٹل میں ڈنر اُڑایا جائے اور ڈِنر پر امن کی سفید فاختہ چھوڑی جائے ۔ چنانچہ امن کمیٹی کے ارکانِ صدارت ساتھ ہی دوڑے دوڑے آئے ۔

جیل کی آمدورفت ، سیاسی، ادبی ، اور کلچرل انجمنوں کی صدارتیں ان کے کاروبار پر اثرانداز ہوئیں ۔ چنانچہ ان کی تجارت میں گھاٹا آنے لگا، لیکن پھر بھی بندۂ خدا کے سر سے شہرت کا سودا نہ گیا۔ اب شعروسخن کی طرف متوجہ ہوئے، اپنے خرچ پر مشاعرے منعقد کرا کے خود صدر بننے ، کثیر رقموں کے عوض غزلیں خرید کر مشاعروں میں پڑھنے اور داد حاصل کرنے کی دُھن سوار ہوئی ۔

مختلف فنڈز میں بڑی بڑی رقمیں دے کر یہ حال ہوگیا کہ اب خود کے بیوی بچوں کی گذر بسر کے لئے چندہ جمع کرنے کی نوبت آگئی ۔ دوستوں سے کہہ سُن کر اس مقصد کے لئے ایک کمیٹی بنوالی اور صدارت کی عادت کے ہاتھوں مجبور ہو کر خود ہی اس کے صدر بھی بن گئے ــــــ زندگی میں انھیں شہرت تو ملی ، لیکن جیب خالی ہوگئی ــــــ اور ہم سوچتے ہیں کہ اس بندۂ خدا نے ــــــ کیا کیا نہ کیا شہرت کے لئے ــــ !

■■

۶۰

برسی

برسی کے تعلق سے مرحومین کا چاہے جو نقطۂ نظر ہو، پسماندگان کی دو آنکھوں کے یہ دو آنسو ہیں، ایک میں خون دوسرے میں پانی، یا دوں کے بادل، دل پر برستے ہیں تو جو سیلاب اُمڈتا ہے اس میں لہو گھلتا، بہتا، پلکوں سے ٹکراتا ہے۔ زندگی کے اصول اور تقاضے جب اپنا حق مانگنے کھڑے ہو جاتے ہیں تو مجبوری اور تقاضۂ زیست میں ایک خوشگوار سمجھوتہ ہو جاتا ہے۔ اور پانی کی ایک بُوند آنکھ کا میل دھو ڈالتی ہے اور برسی منائی جاتی ہے۔

برسوں سے یہ برسی اسی طرح منائی جاتی رہی ہے۔ ہم اپنی حد تک بچھڑے ہوؤں کی یاد کو دُکھ اور احترام کے جذبوں کا نذرانہ پیش کر کے وقتی طور پر ان کو ہم میں موجود محسوس کرتے رہے، اور زندگی کی بے ثباتی سے اس قدر متاثر رہے کہ دنیا سے دل برداشتہ بھی ہو گئے، لیکن زندگی اپنے شکار کو آسانی سے نہیں چھوڑتی۔ ہمارے آنسو پوری طرح خشک بھی نہ ہو پاتے کہ ہم پھر دنیا کی دلچسپیوں میں کھو جاتے ہیں۔

پہلی مرتبہ جب ہم نے اکبر الٰہ آبادی کا یہ شعر پڑھا ؎

بتائیں ہم تمہیں مرنے کے بعد کیا ہوگا
پلاؤ کھائیں گے احباب' فاتحہ ہوگا

تو ہم اکبر الٰہ آبادی کی ستم ظریفی پر بہت کڑھے کہ محبت اور موت کو انھوں نے قصائی

کی نظر سے دیکھا ہے، لیکن اب ہم جو زندگی کو حقیقت پسندانہ نقطۂ نظر سے جانچتے ہیں تو اکبر کی طرف سے ہمارا دل صاف ہو جاتا ہے، پرسوں ہی کی بات ہے۔ ہمارے ایک پڑوسی اپنے ایک دشمن کے جنازے میں شریک ہونے کے لئے جاتے نظر آئے۔ ہم نے پوچھا:

"آپ نے ان کو کبھی اچھے لفظوں میں یاد نہیں کیا۔ کیا آپ کو واقعی ان کی موت کا رنج ہے؟"۔ کہنے لگے: "موت ماتم کی چیز نہیں۔ آپ سے چھپانا نہیں، اگر آج میں نہ گیا تو چہلم کی دعوت نہیں آئے گی"!

گھریلو برسیوں کے علاوہ لیڈروں اور ادیبوں کی برسیاں بھی ہوتی ہیں۔ آج کل انہی برسیوں کا انعقاد بڑے اہتمام سے ہونے لگا ہے۔ اور وہ دن دور نہیں جب کوئی باقی نہ رہے تو حضرت آدم ہی کو مرحومِ اول کا خطاب دیا جائے اور برسی منانے کا اعلان کر دیا جائے۔

ایک شاعر کی برسی کا آنکھوں دیکھا احوال پیش خدمت ہے۔ وہ بیچارہ زندگی بھر روتا چلّاتا رہا۔ اور مرا تو بے گور و کفن ـــــ کوئی شاعر نواز نہ کوئی ادبی انجمن، کسی نے پلٹ کر نہ پوچھا! کیا ہوئی، آہ آہ کی آواز ـــــ !!!

اچانک کچھ سال بعد اس شاعر کا بعض قدر دانوں کو خیال آیا۔ دریافت سے پتہ چلا کہ ان کی لاش دفنا دی گئی ہے۔ شاعروں اور ادبی انجمنوں کے کارکنوں کو بہت برا معلوم ہوا کہ ان کے ہاتھوں یہ کام انجام نہ پایا۔ لیکن چونکہ مرحوم شاعر تجہیز و تکفین کے بارے میں اپنی مرضی نہیں چلا سکتے تھے، اس لئے قابل معافی ٹھہرے۔ اخباروں اور مختلف رسائل میں اس مشہور شاعر کا ذکر ہوتا رہا۔ یہ بات بھی کچھ کم نہ تھی کہ ہم ابھی مُردہ پرست زندہ ہیں اور اس مشہور شاعر کی برسی منانے والے ہیں۔ اس کی قبر پر گنبد بھی تعمیر کرنے والے ہیں۔ آخر کار وہ مقررّہ دن بھی آ گیا جس دن اس شاعر کی قبر پر چادرِ گل چڑھائی جانے والی تھی۔ اور شہر کے ایک مشہور مقام پر اس کی

۶۲

شاعری اور زندگی پر تقاریر کے ساتھ ساتھ اس کی غزلوں کو مشہور موسیقار پیش کرنے والے تھے۔ مجھے اس شاعر سے عقیدت ہے، اس لئے میں ٹھیک ۴ بجے قبرستان پہنچ گئی۔ جگہ جگہ زندہ لیڈروں کے مجسمے نصب دیکھ کر مجھے خیال آتا ہے کہ کیوں نہ ان کے ساتھ شاعروں اور ادیبوں کے مجسمے بھی نصب کئے جائیں ؟ کیوں صرف ان کی قبریں بنیں ؟ بلدیہ کے ایک ملازم نے مجھے بتایا کہ ایک شاعر کا مجسمہ تیار ہوا تو قدردانی کی مسرت کا یہ عالم ہوا کہ وہ مجسمہ زندہ ہو کر تالیاں پیٹتا پھرنے لگا۔ مجھے یہ واقعہ من گھڑت معلوم ہوتا ہے۔ مجھے یہ اندیشہ ہوا کہ برسی کی تقریب میں شاعر کی قبر بھی کہیں جھوم نہ جائے۔

میرا اندازہ تھا، شاعر کی قبر پر قرآن خوانی ہوگی۔ فاتحہ ہوگی۔ ایصالِ ثواب ہوگا۔ ادیب، شاعر اور طالب علم جمع ہوں گے۔ لیکن حیرت، افسوس اور کوفت کا اندازہ لگانا خود میرے لئے مشکل ہوگیا۔ پانچ بج گئے اور وہاں کوئی نہ آیا۔ البتہ ان قبروں سے قریب کچھ ضرورت مند انسان اور تارک الدنیا بکریاں ضرور نظر آئیں۔ میں نے سوچا رُوح اگر لافانی ہے تو، اے رُوح لافانی تڑپ جا۔ اور اس سکوت کو حشر سامان کر دے۔ لیکن فانی شاعری کی رُوح بھی فانی تھی ــــــ میرے اپنے ایک حقیر دل کی ناتواں، دھڑکنوں کے سوا کوئی اس غم نصیب زندگی اور بے کس موت کے لئے سوگوار نہیں تھا۔ ــــــ ۵½ بجے، ۹ ــــ انسانوں کا ایک مجمع تشریف لایا اس میں ۳ شاعر اور ۱½ مصور، چند قریب المرگ بزرگ اور ایک دو انجمنوں کے خود ساختہ صدر شامل تھے۔ ایک شخص سب کی توجہ کا مرکز تھا۔ اور مجھے خیال ہوا کہ بمبئی کے جس شاعر کی آمد کا اشتہار تھا، وہ وہی تو نہیں۔ لیکن دریافت سے معلوم ہوا کہ وہ فوٹو گرافر ہیں۔ جب آپسی خیر و عافیت اور دیگر کوائف کا تذکرہ ختم ہوا تو کسی نے کہا :

"بسم اللہ اب چادر گل چڑھا دی جائے"۔ چار کونے چار سیانوں نے تھامے، لیکن چادر گل قبر پر اترتی ہی نہیں اور ادھر قبر چادر گل کے لئے ترس رہی ہے۔

۶۳

فوٹوگرافر کم بخت ایک بچّے کی قبر سے کُتے کی غلاظت ہٹانے میں لگا ہوا ہے، اس کو پکڑ کر لایا گیا۔ چاروں سیانوں نے اپنے اپنے شاگردوں کو قریب بُلایا اور فوٹوگرافر کو اشارہ ہوا کہ اپنا کام کرو۔ اس وقت یہ خیال میرے ذہن میں کوندا کہ پھولوں کی اس چادر کے ٹکڑے ٹکڑے کر دوں، اور ایک ایک لڑی قبرستان میں تصویر کی خاطر مسکرانے والوں کے گلے میں ڈال دوں۔ زندگی میں سنگ دلی، بے تعلقی تھی سو تھی۔ مرنے کے بعد بھی احسان فراموشانہ بھول تھی سو تھی۔ یہ اتنے سال بعد "مرحوم آزار" مذاق کی کیوں سوجھی؟ تصویر کشی کے بعد یہ مجمع ہنستا کھیلتا قبرستان سے نکلا۔ میں سب سے آخر میں اُٹھی۔ جی ہی نہیں چاہتا تھا کہ وہاں سے اُٹھوں، جیسے کسی تازہ دُکھے دل کو میری تسلیوں کی ضرورت ہو۔

قبرستان کے ایک کونے میں ایک بوڑھا شخص میلے کچیلے کپڑوں میں ملبوس ایک پھٹی شطرنجی پر بیٹھا نظر آیا۔ میں اس کے قریب پہنچ کر رُک گئی۔

"بابا آپ نے دیکھا جو کچھ بھی ہوا؟ میں نے کیوں اس بوڑھے سے یہ سوال کیا مجھے خود پتہ نہیں تھا۔ میرے سوال پر بوڑھا قہقہہ لگا کر ہنسنے لگا:

"یہ تماشا تو روز ہی دیکھنے میں آتا ہے۔ جب زندگی کا احترام اُٹھ جاتا ہے جب انسان، انسانیت کی سطح سے اُتر آتا ہے تو یہی تماشا دکھائی دیتا ہے۔ بچّی، میں نے شام کے دھندلکے میں لوگوں کو قبروں کی کڑیاں بھی اُٹھا کر لے جاتے دیکھا ہے۔"

میں نے پوچھا: "انسان ایسا کیوں کرتا ہے۔"

بوڑھے فقیر نے پھر قہقہہ لگایا: "اس لئے کہ اس کو میری طرح زندہ رہنے کا سلیقہ نہیں۔ زندگی آسان ہے، مگر دشوار بنا دی گئی ہے۔ دُنیا کی یہ حرص، یہ قبر فروشی یہ مرے ہوئے گوشت کا قورمہ" ______ ! وہ پھر قہقہہ لگانے لگا۔ میں گھبرا گئی، اور اُس مقام کے لئے روانہ ہو گئی۔ جہاں یاد منانے کا جلسہ منعقد ہونے والا تھا۔

شام کے چھ بجے تھے۔ جلسہ گاہ وظیفہ یاب معززین شہر، ادیبوں، شاعروں

۶۴

اور خواتین و دیگر راہ گیر حضرات سے بھر گیا۔ جلسہ شروع ہوا۔ ایک بزرگ آئے اور یوں گویا ہوئے ،

خواتین و حضرات !

اِس انجمن کے کرتا دھرتا قابلِ مبارک باد ہیں کہ انھوں نے اپنے ملک کے ایک مایہ ناز شاعر کی یاد منانے کا اہتمام کیا۔ اس تقریب کا سہرا معتمد انجمن جناب جالب کے سر ہے۔ کیونکہ اہلِ زر اور اہلِ خیر اصحاب سے اس قسم کے جلسوں کے لئے عطیے وصول کرنے کا ڈھب وہی خوب جانتے ہیں۔

مجھے غالباً اس وجہ سے یہاں طلب کیا گیا ہے کہ مرحوم میرے علمی تبحر کا لوہا مانتے تھے۔ ان کا یہ قول صرف مجھ ہی کو یاد ہے کہ ، محصور تو علم کا ہاتھی ہے۔

اور وہ واقعہ بھی میں نہیں بھول سکتا کہ میں اپنی موٹر میں سوار پٹرول کی تلاش میں نکلا تھا کہ راستے میں مجھے مرحوم نہایت شکستہ حال لڑکھڑاتے پیدل چلتے ملے۔ ان کی صورت سے اندازہ ہوتا تھا کہ کئی دن کا فاقہ ہے۔ میں نے ان کے قریب موٹر رکوادی ، اور اُن کو ڈرائیور کے بازو بیٹھ جانے کا اشارہ کیا۔ لیکن وہ بیٹھنے کے لئے آمادہ نہ ہوئے۔ شاید ان کو یہ غلط فہمی تھی کہ راجا رنگ بہادر کے کان بھر کر میں نے ہی راجا بہادر کو ان سے بدظن کر دیا تھا۔ واقعہ صرف اتنا تھا کہ راجا بہادر کو وہی شاعر پسند آتا تھا جو پکوان کا بھی ماہر ہو۔ مرحوم کو پکوان کے تعلق سے کچھ بھی معلومات نہ تھیں اسی وجہ سے ان کی دال نہیں گلی ـــــــ ہاں تو میں سڑک کا واقعہ بیان کر رہا تھا کہ دو وضع داروں میں مقابلہ ٹھن گیا۔ وہ موٹر میں سوار نہیں ہوتے تھے۔ اور میں موٹر سے اُترتا نہیں تھا۔ اسی طرح چلتے چلتے وہ ایک گلی میں مُڑ گئے اور پٹرول کے ختم ہو جانے سے میری موٹر رک گئی ـــــــ خدا کا شکر ہے کہ مرحوم گلی میں مڑ گئے ، ورنہ ان کو یقیناً میری موٹر ڈھکیلنا پڑتی ـــــــ اب نہ ویسے پیدل چلنے والے ہیں نہ ویسے وضع دار لوگ ـــــــ صرف میں رہ گیا ہوں۔ دوسرے دن میں نے

وہ موٹر بیچ دی اور ایک نئی موٹر خرید لی ۔ یہ دُوسری موٹر میری چہیتی تھی ۔ مجھے معاف کیجئے ۔ اس موٹر کی یاد آنے کے بعد آنسو مجھے کچھ بولنے نہیں دیتے ۔

اِن بزرگ مقرر کے بعد ایک دوسرے مقرر آئے ۔ انھوں نے ذوق کی شاعری اور ان کی زندگی پر روشنی ڈالی اور افسوس کا اظہار کیا کہ ان کی قبر اس شہر میں موجود نہیں ـــــ آخر میں معتمد انجمن نے مرحوم کی قبر پر ایک عالی شان گنبد کی تعمیر کا پروجکٹ پیش کیا ۔ اور فیاضانہ عطیوں کی اپیل کی ۔ ضمناً ایران کے زلزلے میں وفات پانے والے شاعروں کی برسی کی طرف بھی توجہ دلائی ۔ کیونکہ برسی کے معاملہ میں شاعر ایک عالمگیر حیثیت کا حامل ہوتا ہے ۔

تقریروں کے بعد مرحوم کی غزلوں کو مقامی گلوکار پیش کرنے والے تھے ۔ لیکن معلوم ہوا کہ یہ فن کار مفت گانے پر راضی نہیں ہوئے ، کیونکہ معتبر ذرائع سے انھیں یہ بات معلوم ہوگئی تھی کہ اس جلسے کے لئے کافی رقم وصول کی گئی ہے ـــــ موسیقی کے پروگرام کی تلافی کے لئے کچھ دیر فلمی گانوں کے ریکارڈ بجائے گئے اور اس کے بعد ایک نوعمر طالب علم کی اُستادی موسیقی پیش کی گئی ـــــ

تقریروں کے دوران میرے دل میں یہ خواہش پیدا ہوئی تھی کہ کوئی میرے نام کا اعلان کردے ، اور میں حاضرین سے مخاطب ہوکر کہوں :

بھائیو !

اس طرح برسی منانا ، مرحوم شاعروں کی یاد کے حق میں اقدام قتل کے برابر ہے ۔ اپنے ظلم کے سلسلے کو لامتناہی کیوں بناتے ہو ؟ آپ نے زندگی میں ان کی خبر نہیں لی تو اب مرنے کے بعد یہ شاعر پرستی کا ڈھونگ کیوں ؟ کیا حصول معاش کا کوئی دوسرا شریفانہ ذریعہ آپ کی دسترس میں نہیں ؟ اور اگر برسی منانے کو آپ بقید حیات ہونے کی وجہ سے اپنا حق سمجھتے ہیں تو پھر بہتر یہ ہے کہ زندہ شاعروں کی بھی برسی منایا کیجئے ۔ ان کی زندگی بھر مُردوں سے کم نہیں ۔ لیکن کسی نے مجھے تقریر

کی دعوت نہیں دی۔

میں معتمد جلسہ سے ملنے کے لئے اٹھی تو معلوم ہوا کہ وہ اپنی تقریر کے بعد احباب کے ساتھ کسی موزوں جگہ مرحوم کی رُوح کو ایصالِ ثواب کے لئے روانہ ہوگئے۔

سچ کہتے تھے اکبرؔ الہ آبادی — !

اور پھر میں نے سوچا —— رہئیے اب ایسی جگہ چل کر ——

—— جہاں کوئی کسی کی برسی نہ منائے !!

■■

اِس برس کے ہوں دن پچاس ہزار

غالبؔ صدی کے دیگر فوائد کے منجملہ ایک سب سے بڑا فائدہ یہ لاحق ہوا کہ سب کو معلوم ہو گیا کہ مرزا اسد اللہ خاں اب بقید حیات نہیں اور بیچاروں کو گذرے ایک سو سال ہو چکے ہیں۔ اِس سو سال پُرانی خبر نے ایسا تہلکہ مچایا کہ سوچنا پڑتا ہے۔ اگر بروقت یا مزید ایک سال بعد یہ اطلاع ملتی تو کیا کچھ ہوتا۔!
پہلی مرتبہ غالبؔ کی شاعری کا مطالعہ نہایت غور اور باریک بینی، سے کیا گیا اس موقع پر ان کے کلام کے نہایت دیدہ زیب ایڈیشن زیور طبع سے آراستہ منظرِ عام پر آئے۔ نئی نئی دُھنیں ان کی غزلوں کو نصیب ہوئیں۔ قدِ دیوار تصویریں تیار ہوئیں۔ جلسے ہوئے، یادگاریں قائم ہوئیں اور عوام کے انبساطی جوش و خروش کو دیکھتے ہوئے یہ محسوس ہونے لگا کہ غالبؔ اپنی صدی کے لئے دوبارہ زندہ ہو گئے ہیں اور وہ جو مرنے کی خبر ہے دشمنوں کی اُڑائی ہوئی ہے۔
ہمارا ملک تکونی ہے، اس لئے تینوں کونوں غالبؔ صدی تقاریب کی دُھوم مچی ہے۔ ایک کونے کے عوام نے غالبؔ کی شاعری یا نثر نگاری کو سمجھنے سے انکار کر دیا تو انھیں غالبؔ کے نام پر وجینتی مالا کے رقص، ماسٹر چٹکی کی مزاحیہ اداکاری اور خوب صورت خواتین کی فیشن پریڈ اور فلمی گانوں سے محظوظ کیا گیا۔ غالبؔ کی شاعری میں یہی اجزا تو یکجا ہیں اور یوں بھی کسی شاعر کو عوامی شاعر

بنانے کے لئے انہی رُسومات کی ادائی ضروری ہوتی ہے

میں یقین کے ساتھ کہہ سکتی ہوں کہ مرزا اسداللہ خاں غالبؔ کے سوا کسی اور کو میں نے اِس نام کے ساتھ اِس تخلص کا مالک نہیں پایا، لیکن حیرت مجھے اُس وقت ہوئی جب میری بھتیجی فتو جو مشکل سے چار سال کی ہے۔ غالبؔ تقاریب کے پروگرام میں ان کی موت کے ذکر پر چلّا اٹھی۔

"بی بی ماں، غالبؔ صاحب تو زندہ ہیں نا ——؟

اور جب میں نے اُسے سمجھانے کی کوشش کی کہ آج سے تقریباً ڈیڑھ سو سال پہلے ایک اسداللہ خاں پیدا ہوئے اور اپنی شاعری کی وجہ سے غالبؔ مشہور ہوئے تو اُس وقت تو وہ خاموش ہوگئی لیکن شام کو جب ہم سب بھائی بہنیں اور رشتہ دار خوش گپیوں میں مصروف تھے کسی نے مکّہ بازانہ انداز سے پھاٹک پیٹنی شروع کی۔ پہلی دفعہ کسی نے اِتنی زوردار جراُت سے ہمارے گھر کی پھاٹک پیٹی تھی۔ اس لئے میرے بھائی جو ورزش کے شوقین ہیں للکارتے اُٹھے، کون ہے ——؟ جواب ملا۔ میں غالبؔ ہوں۔ فتو جو سہمی سی بیٹھی تھی دوڑتی ہوئی پھاٹک پر پہنچ گئی اور ایک عدد غالبؔ کو اندر لے آئی۔ اس وقت کسی کی آواز کانوں میں آئی، ارے یہ تو اپنے غالب صاحب قصاب ہیں —— غالب صاحب ! غالب صاحب !! حضرتِ غالبؔ کے بھی اُستاد نکلے۔ ان کا کہنا ہے کہ مرزا اسداللہ خاں غالبؔ، نہ صرف گوشت کے دلدادہ تھے بلکہ بہادر شاہ ظفر کو گوشت بھی سربراہ کرتے تھے

بات پر بات یاد آئی۔ غالبؔ صدی تقاریب نے غالبؔ کے نام کو بہت اُچھالا ہے۔ کسی بھی محلے میں چلے جایئے تو غالبؔ لائبریری، غالب میوزیکل سوسائٹی، غالبؔ کالونی، غالبؔ منزل، غالبؔ سوئٹ گھر اور غالبؔ ہوٹل تک کے بورڈ دیکھے جاسکیں گے، اور حد ہوگئی ہمارے گھر کے بازو والی بے نام واشنگ کمپنی پر غالبؔ واشنگ کمپنی کا بورڈ لگا ہے۔ اس واشنگ کمپنی کا پروپرائیٹر ہمارا

پُرانا دھوبی راملو ہے جس نے ہم سب کے ادبی ذوق کا استحصال کرتے ہوئے اپنی دوکان کو چمکانے کی یہ ترکیب نکالی ہے ـــــ غالبؔ کی ایک بڑی تصویر اس کی دوکان میں آویزاں ہوگئی ہے اور چند کتابیں بھی اُس نے ایک کونے میں رکھ چھوڑی ہیں، جسے وہ غالبؔ کی تصانیف کہتا ہے۔ لیکن ہیں دراصل سرورق سے جاسوسی ناولوں اور فلمی گانوں کے مجموعے۔ اگر راملو نے مرزا غالبؔ کے نام پر کچھ پیسے بٹورنے چاہے تو اس میں حیرت کی کیا بات ہے؟ یہ کچھ انسانی فطرت ہی کا کرشمہ ہے کہ زندگی کی خاطر موت سے بھی سودا ہوجاتا ہے۔ مرنے والے مرجاتے ہیں جینے والوں کو اپنی پڑی رہتی ہے۔ اور غالبؔ صدی تو ایک یقینی تحفہ ہے جس کے تعلق سے یہ اشتہار بہت دلچسپ رہا ہے:

۱۹۶۹ء غالبؔ صدی کا برس۔ اِس برس کے ہوں دن پچاس ہزار اور کیوں نہ اِس برس کی درازی کی دُعا کیجئے جب کہ سیاست دانوں، ادیبوں، شاعروں، دانش وروں سے لے کر دھوبی، قصّاب اور پان والے تک سب نے غالبؔ تقاریب سے فائدہ اُٹھایا ہے۔

ایک اور اعلان ہماری نظر سے گزرا۔ جس کو پڑھ کر ہمیں خوشی ہوئی تھی کہ اب شاعروں اور ادیبوں کے رہنے کے لئے مکان مل جائیں گے۔ ہم نے سوچا اگر صاحبِ دیوان شاعر اور صاحب تصنیف ادیب نہ بن سکے تو کیا ہوا، کم از کم صاحب مکان تو ہو ہی جائیں گے، غالبؔ کی حسرتِ تعمیر کے نام پر ریاست کے بڑے وزیر نے کئی ایکڑ زمین غالبؔ کالونی کے لئے دان کی تھی۔ اور ایک ادیب پرور وزیر نے غالبؔ کالونی کا افتتاح بھی کردیا تھا۔ کچھ مہینوں بعد پتہ چلا کہ غالبؔ کے مشورے سے شاعروں کے لئے بے در و دیوار سا ایک گھر عرش سے پرے بنانے کی تجویز ہے۔ اور فی الحال غالبؔ کالونی میں شاعروں اور ادیبوں کو بسنے کی اجازت نہیں۔ اس دوران میں وہ اگر غرقِ دریا رہیں تو مناسب ہوگا۔

۷۰

نذر غالب پروگرام میں مجھے بھی غالب کو خراجِ عقیدت کا موقع ملا تھا۔ غالب کا کلام سازوں پر عوام کے لئے خاص اہتمام کے ساتھ پیش کرنے کی ذمہ داری مجھے سونپی گئی تھی۔ لیکن جہاں خلوص نہیں وہاں سوز نہیں، آرٹ نہیں۔ ایک تکمیلِ ضابطہ کی چیز میں اثر انگیزی کہاں سے آسکتی ہے ــــــ غالب کا کلام یوں بھی عام فہم نہیں ہے۔ پھر بھی بعض صاحبِ فہم اپنے ذہن کی چالاکی سے غالب کے اشعار کو اپنے مطالب سے مالامال کر دیتے ہیں۔ ایک اصلاح خانے میں یہ مصرع آویزاں ہے اور یقین نہ ہو تو حجامت کے بہانے ملاحظہ فرمایا جاسکتا ہے ؏

روئیے زار زار کیا، کیجئے ہائے ہائے کیوں۔؟

قسمت کا مارا گاہک سوچتا ہی رہتا ہے "زخم خوردہ زار زار نہ روئے ــــــ ہائے ہائے نہ کرے تو پھر کیا کرے"؟ کہ سوال ہوتا ہے ــــ بال غالب اسٹائل ہوں ــــ؟ داڑھی غالب کٹ ہو ــــ؟ فرمائیے، میرے ہنر سے مطمئن رہئیے۔ سو پشت سے ہے پیشۂ آبا، سپہ گری۔ ــــــ پھر
اِنَّا لِلّٰہِ وَاِنَّا اِلَیْہِ رَاجِعُون ــــــ

آپ حیران نہ ہوں، ہر پیشہ میں پبلسٹی کی ضرورت ہوتی ہے۔ غالب کے اشعار کو مختلف پیشہ وروں نے، سیاست دانوں، سینما والوں، ٹریڈ یونینوں نے عجیب وغریب ڈھنگ سے استعمال کیا ہے۔ ایک تیل کا اشتہار ہماری نظر سے گزرا تھا جس پر غالب کا یہ شعر لکھ کر اس کی تشریح بھی کر دی گئی تھی ؎

آہ کو چاہیئے اک عمر اثر ہونے تک
کون جیتا ہے تری زُلف کے سر ہونے تک

تشریح یہ تھی کہ تیل کو استعمال کیجئے۔ وفات کے بعد بھی زُلف کی درازی کا سلسلہ جاری رہے گا۔ مکانات، باغات اور زمینات کی خرید و فروخت کرنے والے ایک ادارے نے تو اپنا اصول بنا لیا ہے "مُفت ہاتھ آئے تو بُرا کیا ہے۔"

۱۷

بُرا یہ ہے کہ غالبؔ کے ساتھ معاملہ کیجئے، دوسروں کی جائیداد کو کیوں تختۂ مشق بنایا جائے۔

ہمارے پڑوس کے کچھ طلبا ایسے ہیں جو اُردو سے ایم، اے کر رہے ہیں۔ اُن کے کمرے کا راستہ ہمارے احاطے سے گذرتا ہے، اسی لئے جب بھی پوچھیے، یہی کہتے سُنا ہے۔ غالبؔ تقاریب سے واپس ہو رہے ہیں ـــــ ان کی گفتگو کا موضوع بھی اکثر غالبؔ ہی رہا۔ اس گفتگو میں ایک دوسرے پر بازی لے جانے کی کوشش کی جاتی ہے۔ تحقیق کے نئے دروازے کھولے جاتے ہیں۔ مثلاً ایک صاحبزادے نے یہ شعر سُنایا ؎

کعبہ کس مُنھ سے جاؤ گے غالبؔ
شرم تم کو مگر نہیں آتی

اور بڑے اعتماد کے ساتھ انکشاف کیا ـــــ غالبؔ بچپن ہی سے عاشق مزاج تھے، جب بڑے ہوئے تو بُری صحبت میں وہ جوا بھی کھیلنے لگے۔ جُوے کے ساتھ ساتھ شراب اور پھر اس کے سارے لوازمات ان کی زندگی کا جزو بن گئے ـــ اب سوائے اسمگلنگ کے ان کا ذریعۂ معاش کچھ اور نہ تھا۔ اس لئے غالبؔ نے حج کا ارادہ کیا۔ اِدھر اُدھر سے قرض لیا، لیکن ضرورت سے زیادہ رقم ساتھ رکھنے کی عِلّت میں پکڑے گئے۔ اس پر یہ شعر غالبؔ نے نہیں۔ بمبئی کے کسٹم آفیسر نے ارشاد کیا۔

بہرحال غالبؔ صدی تو خیر سے انجام کو پہنچی۔ اب سوال یہ ہے کہ ـــ غالبؔ صدی کے بعد ـــــ ؟ اور اس سوال کے جواب پر ہی ہماری ادبی سرگرمیوں کا انحصار ہے۔

▬▬

۷۲

رہیئے اب ایسی جگہ چل کر

نام رکھنا (محاورے کے معنیٰ میں نہیں) ذوقِ سلیم کا ایک دلکش کرشمہ ہے۔ مگر یہ صلاحیت ہر صاحبِ اولاد اور مالکِ مکان کے لئے ضروری ہے۔ مکان کی حد تک تو بغیر نام۔ کے بھی مکان باقی رہ سکتا ہے لیکن اولاد اگر بے نام رہ جائے تو مختلف پیچیدگیاں پیدا ہو سکتی ہیں۔ بڑا، منجھلا، سنجلا اور چھوٹا پکارتے پکارتے آخر کتنے برس گزارے جا سکتے ہیں؟ نتیجہ اس کوتاہی کا یہ نکلے گا کہ یا تو بچے خود ہی اپنی پسند کا کوئی نام چُن لیں گے یا پھر والد صاحب قبلہ ہی کو جو نام بھی ہاتھ لگ جائے بچّے کی پیشانی پر چسپاں کر دینا ہوگا، اور یہ صورت نمودار ہوگی۔ والد کا نام شیخ علی، بڑے بچّے کا نام نورالدین منجھلے کا عبداللہ، سنجلے کا علی قدوس اور چھوٹے کا محمد غفور —— نام رکھنے کی مشکل تو آسان ہوگئی، لیکن ناموں میں دُور کی بھی رشتہ داری نظر نہیں آتی — اس لئے میرا ناچیز مشورہ ہے کہ اپنے ملک کے حالات کا اندازہ کرتے ہوئے کسی ایسے نوجوان کو شادی کی اجازت نہ دی جائے جو کم از کم چھ بچوں کے نام فوری طور پر نہ رکھ سکتا ہو۔ کیونکہ چھ کے بعد وغیرہ وغیرہ کی گنجائش موجود رہے گی۔

مکانوں کے تعلق سے بھی میرے کچھ مشاہدات اور معلومات ہیں اور دراصل یہی گھروں کے اسمِ شریف میرے مضمون کا موضوع ہیں۔ میں دیکھ رہی ہوں —— "بیت الامن" یہ ایک تختی ہے جو صاحبِ خانہ نے اپنے گھر پر لگا رکھی ہے۔ نام

۷۳

خانقۂ جاذبِ توجہ ہے، یہ ایک "مقام" تو ہے جہاں امن کا بسیرا ہے۔ اور کیا میں دُنیا ہی میں ہوں ـــــ ؟ کیونکہ مقابل ہے۔ خلد بریں، فردوسِ زمیں، جنّت نظر اور جنّت نگاہ ـــــ ہاں، میں دُنیا ہی میں ہوں۔ وہ دیکھئے! زینت فضا، پُر فضا، نشیمن، آشیانہ، گلشن، لالہ زار، نالازار، کہسار کوہان، نظارہ، نُور محل، گوشۂ عافیت، گوشۂ بے گوشہ، اور اب میری نظر ستاتی ہے کیونکہ ع

کرشمہ دامنِ دل می کشد کہ جا ایں جا است

ایک نمونے کے تین نام ہیں: سلام علیکم، خیریت اور خدا حافظ۔

بیٹھے بیٹھے سوچتی ہوں، انسان نے امن کی تلاش میں 'بیت الامن' ـــــ جنّت کی آرزو میں، فردوس، اور گُل کی لگن میں، گلشن، اپنے گھروں میں پالیا کوئی اِن گھروں میں جھانک کر دیکھے۔ کیا 'بیت الامن' میں امن ہے ـــــ ؟ فردوس میں جنّت کا سا سکون ہے ـــــ ؟ گلشن، میں گُل ہیں ـــــ ؟ انسان آبادی سے نکلا تو چاند تاروں تک ٹہلتا چلا گیا۔ واپس آیا تو دل بدلنے بیٹھ گیا۔ جوان دل بوڑھا سینہ ـــــ !! اب گھروں کے نام بے جوڑ ہوں تو رونا کیوں ـــــ ؟ اِن ناموں سے مایوس دل کو سکون تو ملتا ہے لیکن حقیقت اس کے برعکس ہوتی ہے۔ آپ کو یقین نہ ہوگا۔ آئیے کہسار کی سیر کریں۔

کہسار سے ہماری مراد وہ پہاڑی سلسلے ہیں جن کو قدرت چشموں اور ندیوں سے سنوارتی ہے۔ رنگ برنگی پھولوں سے سجت اور کریہہ منظر نظاروں کو دل آویز بناتی ہے، جہاں ہوائیں، اٹھکیلیاں کرتی ہیں۔ جہاں قدرت کا حُسن مسکراتا ہے، جہاں ابر اور سورج میں آنکھ مچولی ہوتی ہے اور بہتے بہتے ابر موقعہ سے کہساروں کا ماتھا بھی چوم لیتے ہیں، جہاں پرندوں کے نغمے فضا کو گیت مالا بنا دیتے ہیں۔ ایسے کہساروں کے نظارے قسمت والوں ہی کو نصیب ہوتے ہیں ـــــ لیکن

۲۴

یہ کہسار کی تمنا ہر دل میں ہوتی ہے۔ اسی تمنا کی ممکنہ تکمیل میں ہمارے دوست نے، اپنے گھر کا نام کہسار رکھ چھوڑا ہے اور اس کہسار کو گنجان آبادی کے درمیان جیل خانوں کی سی اونچی اونچی دیواروں میں جہاں موت کا سناٹا ہے بنوالیا گیا ہے۔ اندر داخل ہوں تو یوں محسوس ہو جیسے کسی جرم کی سزا میں قید خانے میں بند ہیں تنگ و تاریک کمرے، گندگی کا راج، پانی کا قحط، اور سلے بھی تو ایسا جیسے گرم چشمے کا۔ آخر کس لئے اس کا نام کہسار رکھا گیا ـــــ؟ شاید صاحبِ خانہ کے تحت الشعور میں کہسار کا خیال تھا اور چونکہ وہ کبھی حقیقت کا جامہ نہ پہن سکا اس لئے گھر کے نام میں وہ کہسار حاضر ہو گیا۔

کہسار سے ذرا آگے چلئے۔ یہ ”زینت فضا“ ہے۔ جہاں فضا تو ہے لیکن زینت و آرائش کا دور دور تک پتہ نہیں۔ مکدر فضاؤں میں بوسیدہ چھتیں، دیمک کھائے ہوئے دروازوں اور شہتیروں پر ایستادہ ہیں۔ چند عورتیں سڑے گلے پھل مکھیوں کے بھاؤ بیچ رہی ہیں۔ اسی زینت فضا کے سامنے دو چار گدھے ضرور بندھے نظر آئیں گے۔ ماشاء اللہ، زینت فضا، کو کیا کیا زینتیں میسر ہیں ـــــ !!!

اور یہ ہے ”گلشن“ یہاں پرندوں کی چہچہاہٹ اور پھولوں کی مسکراہٹ کے بجائے ہر عمر کے بے شمار بچوں کے رونے کی بے سری آوازوں کی مسلسل گونج ہے۔ گلشن کا تصور جو آپ کے دل اور دماغ میں محفوظ ہے یہ گلشن وہ نہیں۔ بلکہ یہ گلشن ہے پست تصورات اور تنگ خیالات اور ان گنت حشرات کا۔ بچوں کے رونے کی آوازیں، ماؤں کی پھٹکار، چنگھاڑ، مردوں کی لڑائیاں ـــ اور سر پھٹول، لاکھ بلائیں اور ایک گلشن ـ پھر بھی سوال ابھرتا ہے کس نے اس کا نام گلشن رکھا اور کیوں رکھا۔؟

موجودہ دور میں جس طرح آبادی روز افزوں ہے، ناموں کی آبادی میں بھی مسلسل اضافہ ہوتا جا رہا ہے۔ یہ آبادی گلشن سے نکلی، کہسار سے چھلانگ لگا کر

لالہ زاروں کو روندتی جو چلی، جو چلی۔ اب میں کہاں اس کے پیچھے بھاگتی پھروں ــــــ ؟ تو وہ دن دور نہیں جب ناموں کی ضرورت سے بھی انسان بے نیاز ہو جائے گا۔ اور ایک گمنام، گم کردہ راہ مخلوق ہو کر رہ جائے گا ــــــ رہ جائے۔ اچھا ہے ــــ مجھے فکرِ جہاں کیوں ہو؟ لیکن میرے ایک دوست نے ایسا کیوں کیا؟ انھوں نے اپنے گھر کا نام زنداں رکھ دیا۔ اب کوئی ان سے پوچھے کہ آپ نے یہ نام کیوں رکھا؟ تو صاف کہیں گے، میری اپنی مرضی ہے، میرا اپنا خیال ہے اس میں آپ کو دخل اندازی کی کیا ضرورت ہے ــــ؟ ہمارے لئے گھر ہی زنداں ہے ــــــ زندگی میں آج کل اتنی خود مختاری آگئی ہے کہ دلیل اور حجّت کی کوئی پذیرائی ہی نہیں ـــــ !!!

وہ واقعہ تو آپ نے سُنا ہی ہوگا۔ ایک صاحب نے گھر بنایا۔ خوبصورت گھر، اور اس کا نام رکھا "تاج محل"۔ ان کے مقابل رہنے والے دوست نے بھی اپنا قدیم گھر ڈھا کر سامنے والے گھر کے نقشہ پر اپنے لئے بھی ویسا ہی گھر کھڑا کر لیا ــــــ گھر تو خیر تعمیر ہو گیا لیکن نام کا سوال اُلجھن کا باعث تھا۔ ظاہر ہے کہ وہ اپنے گھر کا نام بھی تاج محل نہیں رکھ سکتے تھے۔ اس کے لئے وہ اپنے ایک دوست کے پاس گئے اور اس سے ایک جوابی نام کی خواہش کی۔ دوست نے کچھ دیر سوچ کر جواب دیا۔ "تاج محل" کے نمونے پر مقبرہ رابعہ درّانی تعمیر ہوا ہے۔ اس لئے تم اپنے گھر کا نام "مقبرہ رابعہ درّانی" رکھ دو ــــ اِس بیچارے کے گھر کو اب تک کوئی نام نہیں ملا ہے۔ مجھ سے وہ پوچھیں تو میں اس کی مشکل اس طرح آسان کردوں کہ، بھائی آپ اپنے گھر کا نام "عکس" رکھ دیجئے ــــــ قصہ ختم۔! کبھی آپ تاج محل میں اور کبھی آپ کا پڑوسی عکس میں۔

اور ایک زندہ دل حقیقت پسند ہیں جنھوں نے مکان کے لئے قرض اٹھایا

لیکن اُٹھ گئی بیٹی، اب جو کچھ بھی دولھا والوں سے بچ رہا اس سے دیواریں کھڑی کرلیں۔ نام تو بہر حال ہونا چاہیئے اور نام نازل ہوا۔ ــــــ ادھورا ـــــ" قدرت سے یہ گھر مکمل بھی ہوجائے تو نام" ادھورا" ہی رہے گا۔

ایک اور مکان دار ہیں۔ ان کو اپنے مکان کے لئے دو نام پسند ہیں، لیکن مکان تو ایک ہی ہے۔ اس لئے انھوں نے پھاٹک پر لکھوایا " دولت خانہ" اور پچھلے دروازے پر کھُدوایا "غریب خانہ"۔

اور یہ گھر ہے جس کا کوئی نام نہیں۔ اِس گھر کی ظاہرا کوئی خوبی نہیں ــــــ لیکن اِس گھر میں رہنے والوں کے دل محبت، ہمدردی، خلوص اور یگانگت سے معمور ہیں۔ اس گھر میں رہنے والوں کی تعداد مکانیت سے زیادہ ہے، لیکن صحیح معنوں میں یہ گھر گلشن، بیت الامن، جنّت نظر اور فردوس کا نمونہ ہے ــــ ملنساری، دوستی، انسانیت کی پناہ گاہ ہے یہ گھر ــــــ!

اور میں اِس نتیجہ پر پہنچی ہوں کہ گھر کی خوب صورتی اُس کے نام یا اس کی صورت، سجاوٹ یا اس کے چمن زاروں سے نہیں، س کے مکین انسانوں سے نمایاں ہوتی ہے، ایسا گھر ہر شخص تعمیر کرے ــــــ! ایک راز کی بات بھی سُن لیجئے ــــــ! ایسا گھر بن گیا تو سمجھئے دُنیا بن گئی۔

■■

چادر گھاٹ کا پُل

بچپن میں بزرگوں سے سُنا تھا کہ قیامت کے دن انسانوں کو پُل صراط پر سے گذارا جائے گا۔ پُل صراط جو بال سے بھی زیادہ باریک اور تلوار کی دھار سے بھی زیادہ تیز اور نوکیلا ہوگا۔ جو خدا کے نیک بندے ہوں گے وہ اس پُل پر سے آسانی سے گذر جائیں گے اور جو گنہگار رُوسیاہ ہوں گے وہ کٹ کٹ کر گریں گے۔ ہم سوچا کرتے تھے کہ وہ پُل جو بال سے باریک اور تلوار کی دھار سے زیادہ تیز ہوگا کس شکل و صورت کا ہوگا۔ ہزار کوشش کے باوجود ہماری ناقص عقل میں یہ بات کبھی سما ہی نہ سکی تھی کہ ایسے بھی کسی پُل کا واقعی کوئی وجود ہو سکتا ہے۔ ___ جب سن شعور کو پہنچے تو اپنے شہر کے تاریخی اہمیت کے حامل چادر گھاٹ پُل کو دیکھ کر پُل صراط کے وجود پر ایمان لانا پڑا۔ جہاں سے گذرتے وقت نیک اور بد ہر قسم کے انسانوں کو بے حد احتیاط سے کام لینا پڑتا ہے کیونکہ اس پُل کے نشیب و فراز اور پیچ و خم ایسے جان لیوا ہوتے ہیں کہ ذرا سی بے احتیاطی انھیں موت کے گھاٹ اُتار سکتی ہے۔

ادھر کچھ مہینوں سے اس پُل سے ہمارا گہرا ربط ہے اور ہر دوسرے تیسرے دن اس کو عبور کرنا پڑتا ہے۔ خدا جانے اس سبز قدم پُل کی تعمیر کس خوش نصیب گھڑی ہوئی تھی کہ آج تک کوئی راہرو اس پر سے آرام سے نہیں گزر سکا۔ اس پُل

کے نشیب وفراز کو عبور کرنے کے جو عادی ہو جاتے ہیں، یقین ہے کہ زندگی کے نشیب وفراز کی ان کے نزدیک کوئی اہمیت نہیں ہوتی ہوگی۔

جو شخص لگاتار پابندی کے ساتھ کئی سال سے اس پُل کو عبور کر رہا ہے وہ اس کے دھکّوں، گڑھوں اور ہچکولوں کا اس قدر خوگر ہو جاتا ہے کہ اگر یہ کسی دن دھکّے کھانے کو نہ ملیں تو اس کا بدن بھی عادی افیونیوں کی طرح ایک دن افیون نہ ملنے پر ٹوٹتا محسوس ہوتا ہے۔ مزاج چڑچڑا ہو جاتا ہے، طبیعت خواہ مخواہ اُلجھنے لگتی ہے۔ اس پُل کو پیدل عبور کرنے کے لئے ایک خاص قسم کے Nack کی ضرورت ہوتی ہے۔ کیونکہ قدم قابو سے باہر ہو جاتے ہیں، کبھی تو آپ کا سیدھا پاؤں، ناک کی سیدھ میں بہت اونچا اٹھ آتا ہے، اور دوسرے ہی لمحہ جب آپ اس قدم کو زمین پر ٹیکنا چاہیں تو وہ کسی گہرے گڑھے میں پیوست ہو جائے گا۔ اور آپ منھ کے بل زمین پر آ رہے ہوں گے اور اگر پھرتی سے آپ نے اپنی دونوں کہنیوں کا سہارا نہیں لے لیا تو آپ کے پورے بتیس[۳۲] دانت بکھر کر پُل پر پھیلے ہوئے کنکریوں میں گھل مل جائیں گے اور آپ خدا کا شکر ادا کرتے ہوئے اُٹھ کھڑے ہوں گے کہ چلو آئی ہوئی بلا دانتوں پر ٹل گئی۔ ورنہ اگر یہ اُٹھا ہوا قدم تحت الثریٰ پہنچا دیتا تو کیا کر لیتے۔

سیکل سوار بھی جب تک دو چار قلابازیاں نہ کھائے اس وقت تک جان کی سلامتی کے ساتھ اس پُل کو عبور نہیں کر سکتا۔ وہ مسلسل جد و جہد اور مشق کے بعد خاص زاویوں کو ذہن میں رکھتے ہوئے اپنا وزن اگلے پہیے پر ڈال کر کمان کی شکل میں پُل پار کر لیتا ہے اور اگر آپ رکشا یا آٹو رکشا یا موٹر میں بھی بیٹھ کر اس پُل سے گذریں تب بھی ان گڑھوں اور ہچکولوں سے مَفر نہیں۔ اور ہم نے دیکھا کہ اب تو اس پر سے گزرنے والے ان تمام چیزوں کے اس قدر عادی ہو گئے ہیں کہ ان حالات سے دو چار ہونے کے لئے گولیاں بنا بنا کر پُل کی طرف یوں شوق سے بڑھتے ہیں جس طرح

اردو غزل کا عاشق جلاد کے ہاتھوں قتل ہونے کے شوق میں قاتل سے بھی آگے آگے چلتا ہے۔

ایک مرتبہ ہم اپنی سات سالہ بھتیجی کے ساتھ اس پل کو عبور کر رہے تھے۔ رکشاؤں کی طویل قطار میں ہمارا رکشا بھی لگا ہوا تھا۔ ہر قدم پر جب اگلا رکشا رکتا تو ہمارا رکشا زور سے اسے ٹکر دیتا اور اس کے جواب میں پچھلے رکشا سے ہمیں زبردست دھکا کھانا پڑتا۔ اس دھکا دھکی سے عاجز آکر ہماری بھتیجی نے جو کشتی نشین تھی اتر کر کہا: "آپ لوگ رکشا میں چلئے میں پیدل دوسری طرف آجاؤں گی"۔ ——— ٹریفک کے حادثے کے خیال سے ہم نے زبردستی کا مظاہرہ کرتے ہوئے جو اس کو اندر کرنا چاہا تو خود پچھلے رکشا کے زبردست ٹھوکے سے سیٹ پر سے کشتی میں آرہے اور اگر ہماری بہن نے ہمیں گھسیٹ نہ لیا ہوتا تو یقیناً ہم زمین پر پڑے اپنی خفت مٹاتے ہوئے نظر آتے۔ چنانچہ مارے گھبراہٹ کے ہم نے رکشا کا سفر منقطع کر دیا اور بھتیجی کا ہاتھ پکڑے پیدل ہی پل سے گذر گئے۔

حیدرآباد کے رکشا اپنی خوبصورتی اور نئے ڈیزائنوں کے لئے ہندوستان بھر میں مشہور ہیں۔ ہر سال موٹروں کی طرح اس کے بھی ماڈل بدل جاتے ہیں ——— لیٹسٹ ماڈل کے رکشا میں اس بات کا خیال رکھا جا رہا ہے کہ اس کی چھت جتنی زیادہ ممکن ہو سکے، تنگ یعنی نیچی بنائی جائے تاکہ اس میں بیٹھنے والا ہمیشہ بہ اندازِ خوں چکیدن سرنگوں رہے اور کبھی سرافراز نہ رہ سکے۔ خدا جانے اس نئے خیال کے پیچھے حسن کا کوئی ماڈرن تصور کارفرما ہے یا محض چھت نیچا کر بیٹھنے والوں کو سزا دینا ہے۔ بہرحال ایک ایسے ہی لیٹسٹ ماڈل رکشا میں بیٹھے ہم اس پل کو پار کر رہے تھے کہ پل پر پہنچتے ہی چھت سے تصادم شروع ہوا اور پھر فوری خطرے کا احساس ہو گیا کہ اگر ایک آدھ جاندار قسم کا جھٹکا پڑ جائے تو پھر سر کی خیر نہیں۔ ہم نے عافیت اسی میں سمجھی کہ رکشا سے اتر کر پل عبور کر لیں ورنہ پل پار کرتے کرتے کہیں سر

اور دھڑ جُدا نہ ہوجائیں۔ ہمارا سر پکے پھل کی طرح دھڑ سے اُتر کر گود میں نہ آجائے۔ سر کا سودا کچھ اس طرح سمایا ہوا تھا کہ اس کی خیر مناتے ہوئے ہم نے گھبراہٹ میں اپنا پرس اور دوسرا کچھ قیمتی سامان رکشا پر چھوڑ دیا اور پل کی دوسری جانب رکشا کے انتظار میں کھڑے رہے ـــــ تو بس کھڑے ہی رہ گئے ـــــ مگر آخر کب تک ٹھہرتے ـــــ پولیس اسٹیشن کے روبرو آنے جانے والوں کی معنی خیز نظروں کی کب تک تاب لاتے ـــــ یوں بے نیل و مرام خالی ہاتھ دوسرا رکشا لے کر گھر چلے آئے۔

اس پل کو اس نوبت پر پہنچانے میں دوسرے عوامل کے علاوہ شہر کا محکمۂ تعمیرات بھی وقتاً فوقتاً اہم رول انجام دیتا رہا ہے۔ کبھی اس محکمے کے تحت "ہفتہ سڑک سدھار" منایا جاتا ہے تو سب سے پہلے اسی پل کو تختۂ مشق بنایا جاتا ہے اور اس پر تار کول اور کنکر ڈال دیا جاتا ہے، کہ اچھا خاصا ٹیلا بن جاتا ہے جس کو پھاندنے کے لئے مزید نئے دھچکوں سے دوچار ہونا پڑتا ہے۔ کبھی تو یہ محکمہ پل کی توسیع کے بہانے ایسے ایسے کرتب دکھاتا ہے کہ توبہ ہی بھلی۔ حال ہی میں مدتوں بعد اس پل کی توسیع کا کام مکمل ہوا ہے اور ہم نے سوچا کہ چلو اب ساری مصیبتیں دور ہوجائیں گی۔ اس میں شک نہیں کہ ٹریفک کو کنٹرول کیا جارہا ہے، مگر گڑھوں کا علاج مرضِ عشق کی طرح لاعلاج ثابت ہورہا ہے۔

جن دنوں پل کی توسیع کا کام جاری تھا، رات کے وقت پل پر نیم تاریکی کا عالم طاری رہتا تھا، پل پر ایک جانب صرف بجلی کے گولے لگے ہوئے تھے، اور ان میں سے بھی چند ہی جلنے کی صلاحیت رکھتے تھے۔ اس نیم تاریک پل پر کسی نئے یا پرانے گڑھے میں پولیس کانسٹبل یوں دھنسا رہتا کہ بغیر قندیل سیکل سواروں کو کچھ اندازہ نہیں ہوتا اور وہ دھر لئے جاتے تھے۔ چنانچہ جتنی مدت تک پل کی مرمت اور توسیع ہوتی رہی اور پل کی لائٹ بند رہی، کہا جاتا ہے کہ پولیس والوں کے گھر گھی کے

چراغ جلا کرتے تھے ..یہ بھی سُنا گیا کہ ان ٹریفک کانسٹبلوں ہی کی خواہش پر توسیع کے کام کی رفتار دھیمی کردی گئی تھی ـــــ حقیقت خدا جانے ـــــ !

اس پُل پر سے چونکہ پچھلے چھ ماہ سے مسلسل گذر ہو رہا ہے، کچھ خود سمجھتے ہوئے اور کچھ دوسروں سے سُنتے ہوئے واقعات کی روشنی میں چند مفید معلومات اور مجرّب نسخے ہاتھ آئے ہیں انھیں ہم آپ کے سامنے رکھ رہے ہیں۔

(۱) اگر کسی شخص کو قبض کی شکایت ہو تو اس کو چاہیئے کہ بہت سویرے منھ اندھیرے خوب مرچوں بھری نہاری اور کلچوں کا ناشتہ کرکے کسی گڑ کے چائے خانہ سے رات بھر اُبالی ہوئی چائے پی کر رکشا پر بیٹھ جائے اور رکشاوالے کو انتہائی تیز رفتاری کے ساتھ پُل عبور کرنے کی ہدایت کرے ـــــ (گھبرایئے نہیں۔ صبح کے وقت ٹریفک بالکل نہیں کے برابر ہوتی ہے)

(۲) اگر کسی کو سر درد یا پیٹ درد یا گردہ کے درد یا جوڑوں کے درد میں شوقیہ مبتلا ہونے کی تمنا ہے تو اس کو چاہیئے کہ کسی بھی قسم کی سواری میں بیٹھ کر علی الصبح جب کہ ٹریفک بہت کم ہوتی ہے انتہائی تیز رفتاری سے پُل عبور کرے صرف ایک بار یہ عمل کرنے سے انشاء اللہ آرزو پوری ہو جائے گی۔

(۳) اگر آپ کا مزاج صفرادی ہو اور آپ کو چکر آتے ہوں، متلی ہوتی ہو۔ ـــــ تو آپ کھانا کھاتے ہی سیکل یا رکشا پر سوار ہو کر پُل سے گزریں ـــــ تو آپ کا نوش کیا ہوا سارا کھانا معہ صفرہ اور دیگر فالتو اشیا کے مُنھ کے راستے سے باہر چلا آئے گا اور مزاج ٹھکانے لگ جائے گا۔

■■

۸۲

چندا جارے جا!

چاند، ہمارا ڈرائیور ہے۔ چاند کا حُلیہ یہ ہے۔ ناریل جیسا سر، پیشانی دونوں طرف چپکی چپکی، چھوٹی چھوٹی ترچھی چھوٹی بڑی آنکھیں، ناک ایسی چپٹی کہ کئی دنوں تک چہرہ صرف ناک ہی ناک نظر آیا، لیکن ممتا، اپنی اولاد کو دیکھنے کے لئے دل سے پھوٹنے والی کرنوں کا استعمال کرتی ہے۔ اس لئے چاند کی والدہ سے وجہ تسمیہ پوچھی گئی تو انھوں نے کہا:

آسمان کا چاند دنیا کو روشن کرتا ہے، میرا چاند میرے دل کو اُجالتا ہے دنیا والے جب اس روشن گولے کو چاند پکارتے ہیں تو میں اپنے دل کے اندھیروں میں جگمگانے والے کو کیوں نہ چاند پکاروں وہ چاند سب کا ہے۔ یہ چاند میرا اکیلا ہے چندا، میرا چندا!! وہ چاند کو اُچھال کر اپنی بانہوں میں جھیل لیتی اور چاند سچ مچ چاند کی طرح مسکراتا، اتراتا۔ لیکن جب وہ بنگلہ کی سیڑھیاں چڑھنے کے قابل ہوا۔ چاند کی والدہ مٹی کا ڈھیر بن گئی۔ چاند کو میری امی نے پالا پوسا، اور ڈرائیونگ سکھا کر موٹر نشین بنادیا۔ جب بچے اُسے چاند پکارتے ہیں تو وہ ناک بھوں چڑھا کر کہتا ہے۔

چاند خاں ہوں میں، فقط چاند تو وہ اُوپر والا ہے۔ اُوپر والا تو بے شک فقط چاند ہے۔ لیکن چاند خاں پکارے جانے میں کونسے چار چاند لگ جاتے ہیں نسبت تو ہے اسی اُوپر والے چاند سے، چاہے مشابہت نہ ہو۔ اور وہ اس زُمرے

میں کیا اکیلا ہے ۔ ؟ شیخ چاند، محمد چاند، چاند پاشا، قمرالدین، بدرالحسن، مہتاب حسین ماہ پیکر، ماہ لقا، ماہ جبیں، ماہ پارہ، چاندنی بیگم، چاند سلطانہ، ماہ لقا بائی چندا، چندراوتی، چندرا کماری، یہاں تک کہ شری بھارت چند بھی، سب اُسی چاند کے ٹکڑے ہیں۔ لیکن نام دار کی خواہش کا احترام بہر حال ضروری ہے اور نام محض پکارنے اور پہچاننے کے لئے ایجاد ہوئے ہیں۔ کوئی کسی نام کو تسلیم ہی نہ کرے تو پھر اپنا گلہ پھاڑ لینے سے فائدہ۔ لہٰذا چاند اب فقط چاند نہیں ہے، چاند خاں ہیں، اور ہمارے ڈرائیور ہیں۔ لیکن ہم نے نوٹ کیا کہ جب چاند موٹر ڈرائیو کرتا تھا، یہ محسوس ہوتا تھا، گھومتے گھومتے فضا میں بلند ہوتے جا رہے ہیں، اور اب چاند خاں جو موٹر چلا رہا ہے تو یہ ناک کی سیدھ اُڑتی، جھٹکے کھاتی، اچھلتی، ٹکراتی دھول اڑاتی دوڑتی ہے۔

۲۰ جولائی ۱۹۶۹ء تاریخ عالم میں ایک عظیم الشان کارنامہ کے لئے یادگار تاریخ ہے۔ زمین پر انسان کے پہلے قدم کی فاتحانہ دھمک کے بعد یہ اُس کا دوسرا قدم ہے، جس نے چاند پر کروڑوں سال کی جمی ہوئی دھول کو اُڑایا ہے یہ بلاشبہ سائنس اور انجینئرنگ کی ترقی کا کرشمہ ہے۔ لیکن اس رسائی نے صدیوں کے رنگین، روشن اور بلوری خوابوں کو بھی چور چور کر دیا ہے۔ میں نے بھی چاند کو ایک سنہرے خوابوں کی بستی ناقابل تسخیر اور انسان کی دست رس سے بالاتر جانا تھا اور جب انسان نے اپنا پہلا قدم چاند پر رکھا تو چاند سے جو خوب صورت تصورات وابستہ تھے، اس طرح معدوم ہو گئے، جیسے انگلیوں کے لمس سے تیتری کے پروں کے رنگ، یہ چاند خاں ڈرائیور، جس کو چاند کی رعایت سے ایک آدھ بار دیکھ لیا جاسکتا تھا۔ اب بالکل بھوت نظر آنے لگا ہے اور خود چاند پر نظر پڑی تو ایک ویران زلزلوں سے آباد گھاٹیوں اور چٹانوں کا کرہ نظر آیا۔ اس قدر بھیانک کہ ایسی جگہ پہنچنے کی انسان کو ضرورت نہ تھی۔ انسان اگر وہاں قدم نہ رکھتا تو اچھا ہوتا

اس سے لاکھ درجہ بہتر تو یہ ہوتا کہ Eagle فلک نما پیالیس پر اُترتا۔

چاند خاں کو ہم آرم اسٹرانگ پکارنے لگے ہیں، اور قمری تاریخوں سے حساب لگانا ہم نے چھوڑ دیا ہے، خوشی کی بات ہے کہ محلہ چندر واڑی میں یہ منادی ہوگئی ہے کہ آئندہ کوئی ماں باپ اپنی اولاد کے نام چاند پر نہ رکھیں۔

. . . . . سے خبر آئی ہے کہ وہاں کے نوجوان لڑکے اور لڑکیوں نے (جن کا مشغلہ عاشقی ہے) ایک احتجاجی جلوس نکالا۔ اور مظاہرہ کرتے ہوئے کچھ اس قسم کے خیالات کا اظہار کیا کہ چاند ہم سب عشّاق کے خوابوں کی منزل ہے، اس پر انسان کے ناپاک قدم نہیں پہنچنے چاہئیں۔ اب بھلا کون سمجھائے کہ جس چاند کو انسان نے تسخیر کیا ہے، یہ وہ چاند نہیں۔

معلوم نہیں ہمارے ملک کے شعرا حضرات اور عشّاق صاحبین نے اس بارے میں کیا سوچا ہے۔ ایک شاعر سے بات ہوئی تو حضرت نے ارشاد فرمایا۔

چاند سے انسان کے پہنچنے کی بات سائنس دانوں کی شاعری ہے۔ معشوق اور چاند دونوں تک رسائی ہو ہی نہیں سکتی اور پھر دیکھئے نا کہ انسان کی ٹہلائی کے باوجود چاند کی چاندنی کی عشق آفرینی وہی ہے، سحر انگیزی ہوئی ہے، مجھے تو اس واقعہ پر یقین نہیں۔ میں نے انھیں چاند کی تصویریں دکھائیں، چاندنی تو بے شک جُوں کی توں ہے۔ لیکن چاندنی کے چاند کی روشن صورت ملاحظہ کیجئے۔ کہنے لگے۔! یہ چاند کی تصویر نہیں ہے، قطب شمالی کی تصویر ہے۔ ــــــ چاند اور اس قدر غیر رُومانٹک۔ یہ اگر واقعی چاند ہے تو میں اس پر اپنے قدم بھی نہ رکھوں ــــــ

ایک عاشق صاحب جو اکثر گنگنایا کرتے تھے، چودھویں کا چاند ہو . . . اچانک مہر بہ لب ہوگئے۔ دریافت سے معلوم ہوا کہ ان کی معشوقہ نے اس گانے پر پابندی لگادی ہے، اور اعلان کر دیا ہے۔ "اب ہم کوئی چاند نہیں" ــــــ یہ صاحب امریکن کلچرل سنٹر کے نمائش اسٹالوں کے پاس کھڑے چاند کی تصویروں

کو دیکھ دیکھ کر زار و قطار روتے ہوئے پائے گئے ہیں۔

چاند کیا فتح ہوا کہ ہمارے دیس کے عاشقوں اور شاعروں کے پیروں تلے سے زمین نکل گئی۔ خود معشوقوں کے چہرے بھی اُتر گئے ہیں۔ نظر باز چاند کو نہیں دیکھتے تھے، ان کو دیکھ لیتے تھے۔ اب تو ان کے چہروں کے دھبّوں اور پھنسیوں، داغوں اور گڑھوں پر سے بھی میک اَپ کا پردہ چاک ہو رہا ہے گا۔ انسان جب چاند کی دُھول لے آیا ہے تو کیا معشوق کے چہرے پر سے پاوڈر نہ اُڑا سکے گا ___ ؟

بہرحال کسی کا کارنامہ، کسی کا کم بختانہ ___ میں نے ان بد بختوں کے آگے یہ تجویز بھی رکھی کہ بھائی ___ ! لوگوں کے ستارے گردش میں آتے ہیں، تمہارا تو چاند چکّر میں آیا ہے، اس لئے معشوق کو اس کے نام ہی سے پکار لو۔ بتایا گیا کہ نام سے پکاریں تو وہ بُرا مان جاتا ہے۔ کیونکہ ماں باپ نے اس کا نام اپنے رشتہ کی تحریکات کے تحت رکھا ہے اور ہم بھی اسی نام سے پکاریں تو ___ میں نے کہا: میں کچھ سمجھی نہیں، آپ کیا کہہ رہے ہیں ؟ کہنے لگے۔

نہ تم عاشق، نہ تم شاعر، جاؤ کالج کی گھنٹی بجاؤ ___ اور شاعر تحت اللفظ گُنگُنانے لگا ___ "میرے پہلو میں ٹھہرو" ___ اور عاشق نے ہاتھ سے منہ ڈھانپ کر سسکی لی۔ "چودھویں کا چاند" ___ !

مگر میں سمجھتی ہوں نام کا اثر شخصیت پر ضرور پڑتا ہے۔ اب چاند خاں ہی کو لیجئے۔ لیکن چھوڑیئے، وہ تو آرم اسٹرانگ ہو گئے ___ ہماری دوست رفیعہ کے پاس کی آپا چاندبی کا حال دیکھئے ___ وہ ہے تو بچے کے سنبھالنے پر مگر زیادہ تر رفیعہ، آپا کو سنبھالتی نظر آتی ہے۔ بچہ بے چارہ زمین پر، چاندبی آسمان پر۔ ان کی صبح کی چائے سے لے کر رات کے کھانے تک۔ ہر بات کا حسب دل خواہ انتظام بیچاری رفیعہ کو کرنا پڑتا ہے۔ اگر کوئی سربراہی ان کو ناگوار ہو تو وہ دن بھر بچے کی بجائے خود جھولے میں کھیلتی کودتی

۸۶

پڑی رہتی ہیں، ماشاءاللہ ! چاندبی جو ہیں، چمکیلی، سبک خرام، راتوں کو جاگنے والی، دن کو سونے والی —— تو دُنیا نے دیکھ لیا، چاند اپنے وجود میں روشن ہے اور نہ ہی دلکش۔ وہ تو ایک ایسی دنیا ہے جس میں نہ ہوا پانی، نہ سونے کے محل نہ چاندی کے دریا، نہ ست رنگ نہ آبشار، نہ مہکتے گلزار، کالا کوّا تک وہاں نہیں، اور وہ چرخہ کاتنے والی بڑھیا بھی کسی زلزلہ میں غڑپ ہو گئی۔ اور اسی چاند کو فتح کرنے پر کروڑوں، اربوں روپیہ صرف ہوا۔ ایک خیال آتا ہے۔ اگر یہی روپیہ انسانی بھلائی کے لئے صرف ہوتا تو ؛ مگر خیر، انسان کے جنونِ تسخیر کی آسودگی کے لئے یہ خرچ کچھ زیادہ نہیں۔ کیونکہ مقاماتِ تسخیر تو اور بھی ہیں۔ اب مریخ پر نظر پڑ رہی ہے، چشمِ بد دور —— !

غرض ایک چاند یہ کروڑوں باتیں۔ لیکن اس ہلچل کے بعد چاند سکون کی اپنی گردشوں میں رہے گا۔ انسان کوئی اور چاند ڈھونڈ لے گا۔ جو اس کی دسترس سے دور جگمگاتا ہو، جگ مگ اشارے کرتا۔ اسے بلاتا ہوگا۔ اور وہ اپنی نارسائی کو چاندنی کی گنگناہٹوں سے بہلاتا، خلائی راکٹ کی بے وزنی میں قلابازیاں لگاتا ہوگا — !

■■

۸۷

اللہ کے نام پر

انسان نے اللہ کے نام کو ہر جگہ اور ہر وقت ایکسپلائٹ کیا ہے ۔ اللہ کے نام لیوا مختلف حصوں میں بٹے ہوئے ہیں ۔ ایک تو وہ ہیں جو ہمیشہ اللہ اللہ ہی کرتے ہیں ۔ گویا ان کا رہنا بسنا ، کھانا پینا صرف اللہ کے لئے ہے ۔

دوسرے وہ ہیں جو ضرورتاً اللہ کو یاد کرتے ہیں ۔ یعنی جب ہر طرف سے مایوس ہوگئے اور سکونِ قلب میسّر نہ ہوا تو اللہ کا نام لے لیا اور مطمئن ہو گئے ۔ ایک وہ بھی ہیں جو دکھاوے کے لئے اللہ کا نام لیتے ہیں ، تاکہ لوگ انھیں "اللہ والا" کہنے لگیں ۔ اور ان اللہ والے کو شیطانی کھیل کھیلنے کی آزادی مل جائے ۔ بہر حال اللہ کے نام کو انسان نے مختلف طریقوں سے اپنے فائدے کے لئے استعمال کیا ہے

سب سے زیادہ فائدہ میں وہ لوگ ہیں جو اپنے آپ کو فقیر کہتے ہیں ۔ وہ اللہ کے نام پر اپنی ساری زندگی آرام سے گزار لیتے ہیں ، اور محنت اور تدبیر سے ان کو کوئی سروکار نہیں ہوتا ۔

پہلے بھیک مانگنا انتہائی معیوب سمجھا جاتا تھا ، لیکن آج کل بھیک مانگنا ایک فن ہوگیا ہے ، ایک باضابطہ پیشہ بن گیا ہے ، بھیک مانگنے والے بھیک دینے والوں کی نفسیات ، چال چلن ، آمدنی اور شوق و ذوق سے واقفیت حاصل کرتے ہیں ۔ اور پھر ان سے بھیک مانگتے ہیں ۔ باوثوق ذرائع سے پتہ چلا ہے کہ بھیک

مانگنے کی باضابطہ تربیت دی جاتی ہے، اور اس کے کئی سنٹرز ہیں جو پوشیدہ طور پر حکومت کے دفاتر کے انداز پر چلائے جاتے ہیں۔ ان سنٹرز پر گزیٹیڈ اور نان گزیٹیڈ آفیسرز کام کرتے ہیں۔ فیلڈ آفیسرز بھی ہوتے ہیں اور ایجنٹس بھی جو ضرورت پڑنے پر پولیس، بلدیہ اور دوسرے محکموں سے ربط پیدا کرتے ہیں۔ بعض سنٹرز یوں تو رین بسیرا یا یتیم خانوں کے نام سے چلائے جاتے ہیں لیکن وہاں در پردہ بھیک مانگنے کے محفوظ مہذب اور آرٹسٹک طریقے سکھائے جاتے ہیں۔ ان کے علاوہ آپ نے دیکھا ہوگا کہ ہر گلی کے موڑ پر، شاہراہ پر، اسٹیشنوں پر، دوا خانوں پر، منسٹروں کے گھروں کے سامنے، تفریح گاہوں میں، بسوں میں، ٹرینوں میں فقیر اپنے کاروبار کرتے نظر آئیں گے مجموعی اعتبار سے یہ سب ایک ہی قسم کے کاروبار انجام دیتے ہیں۔ مگر موقع ومحل مقام اور ماحول کے لحاظ سے ان کے انداز جداگانہ ہوتے ہیں۔ بعض شہروں میں تو انسدادِ گداگری کے ادارے بھی ہیں جو حکومت سے خاطر خواہ امداد حاصل کرتے ہیں اور فنِ گداگری کے فروغ میں مدد دیتے ہیں۔

فقیروں میں سب سے زیادہ تجربہ کار وہ ہوتے ہیں جو دورہ کرتے ہیں، جنھیں عام زبان میں پھیری والا فقیر کہتے ہیں۔ اگر آج وہ آپ کے محلہ میں بھیک مانگتے نظر آجائیں تو دوبارہ ایک طویل مدّت تک آپ ان کی صُورت اپنے محلہ میں نہ دیکھ سکیں گے۔

دوسرے وہ ہیں، جو روزانہ ایک خاص وقت پر آپ کے گھر پر صدا لگائیں گے۔ انھیں ہم "گھڑی والا فقیر" کہہ سکتے ہیں۔ اس لئے کہ آندھی ہو یا طوفان، مُوسلادھار برسات ہو کہ سخت جاڑا، جان لیوا دھوپ ہو کہ ہڑتال اور مار دھاڑ، گولیوں کی بوچھار ہو کہ سنگ باری، یہ اپنے مخصوص وقت پر کسی خطرہ کی پرواہ کئے بغیر، ہتھیلی پر دل و جان لئے صدا لگائیں گے، اور آپ حیران کہ سارے ارضی وسماوی خطرات سے مقابلہ کرتے ہوئے یہ جیالا آپ کے دروازے پر کس وفا شعاری سے ایستادہ ہے!

تیسرے وہ ہیں جو آپ کے ایک پیسے دو پیسے کے طلب گار نہ ہوں گے بلکہ

وہ آپ کو حکم دیں گے کہ اتنا چاہیئے ـــــ جلالی فقیر، جمالی فقیر، معمولی فقیر، غیر معمولی فقیر، مزاح پسند فقیر، سنجیدہ فقیر۔ غرض ان کی بے شمار قسمیں ہیں۔

ہم نے ایسے فقیروں کو بھی دیکھا ہے جو اپنا حلیہ بگاڑنے اور بنانے میں ماہر ہوتے ہیں۔ علی الصبح چہل قدمی کو چلے جایئے تو بنتے سنورتے فقیر اکثر ملیں گے جو بھیس بدل کر ـــ تماشائے اہلِ کرم ـــ دیکھنے نکل پڑتے ہیں۔ روزانہ رات کو ہمارے گھر ایک فقیر ٹھیک نو بجے آتا ہے اور اس کا نعرہ ہر روز بدلتا جاتا ہے لیکن ٹیپ کا بند ـــ "سخی ماں دلادے" ـــ ہر روز ایک ہی رہتا ہے۔ ایک دن ہماری امی گھر پر نہ تھیں اس لئے سخی ماں کی دہائی پر بابا نے ٹالنے کے انداز میں کہا: "سخی ماں مہمان گئی ہیں"۔ آواز آئی "سخی بابا دلادے"۔ اور اس کے بعد اس کا معمول ہوگیا۔ "سخی بابا دلادے" (صرف ہمارے گھر پر) ہمارے گھر سے آگے بڑھتے ہی سخی ماں کا نعرہ لگاتا ہے۔ ماں کے نام کا سب ہی احترام کرتے ہیں۔ بس وہ اس نام سے فائدہ اٹھاتا ہے۔

دوسرا فقیر بیچارہ صرف ہر جمعہ کو ۸½ بجے صبح آجاتا ہے۔ ہٹا کٹا جوان، منھ میں سگریٹ لیکن ہر کش کے بعد وہ اس طرح صدا لگاتا ہے جیسے دنیا میں اس کا کوئی یار و مددگار نہیں۔ اور بے بس دُکھی ہے تو وہی۔ اس کی آواز میں بلا کا درد ہے جو ہر ایک کو تڑپا دیتا ہے۔ آپ خیرات کرنے میں ذرا دیر کیجئے تو فوراً اپنی کڑک دار آواز میں کہے گا۔ "بھیک دینے میں اتنی دیر ـــ"؟ کیا دے رہے ہو پانچ پیسے ـ؟۔ نہیں چاہیئے۔" اور وہ اس وقت تک نہ ٹلے گا جب تک آپ کم از کم دس پیسے نہ دیں۔ یا پھر لڑائی جھگڑے کے لئے تیار ہوجائیں۔ کیونکہ اس کا استدلال ہے کہ اس گرانی کے زمانہ میں کم از کم دس پیسے تو دیئے جائیں۔

تیسرے صاحب واقعی منحنی سے ہیں۔ اللہ کی صدا لگاکر وہ ایسے خاموش ہوجائیں گے کہ بس . . . . . لیکن پندرہ منٹ بعد آپ گیٹ سے باہر نکلئے تو

وہ گیٹ کے عین درمیان بیڑی پیتے ہوئے نظر آئیں گے۔ چاہئے آج معاف کیجئے — فوراً جواب ملے گا "کل نہیں ملا تھا، آج تو ضرور ملنا چاہیئے —"

ایک خاتون کا طریقۂ کار یہ ہے کہ ان کی گود میں ایک بچہ، دوسرا بچہ ان کی انگلی تھاما ہوا ہوتا ہے۔ لباس صاف ستھرا۔ وہ دندناتی ہوئی بغیر اطلاع کے اندر تک چلی آئیں گی اور آپ کی کچھ بات سُنے بغیر کہنا شروع کر دیں گی۔ "بی بی یہاں کام ملے گا —"؟ ظاہر ہے آج کل ہر چیز مل جاتی ہے نوکر نہیں ملتا۔ اور آپ اس غیر متوقع نوکر کی آمد پر خوش ہو جائیں گے، اور پوچھ کچھ شروع کر دیں گے۔ وہ اس سے قبل کہ کام کی نوعیت پوچھے، پہلے بچوں اور اپنے لئے کچھ کھانے کو مانگے گی اور آپ First impression is The Last impression کے خیال میں دو عدد بچوں اور ایک عدد ماں کو جو کچھ ہو کھلا دیں گے۔ اور وہ دو گلاس پانی اطمینان سے پی کر کام کی نوعیت اور تنخواہ کا تصفیہ کر کے آمد و رفت کا کرایہ لے کر چلتی بنیں گی۔ آپ کو دوسرے دن کا انتظار ہمیشہ رہے گا، اور وہ نہ آئیں گی اور آپ غالبؔ کے اِس خیال سے متفق ہو جائیں گے کہ ؎

"وہ گدا جس کو نہ ہو خوئے سوال اچھا ہے"

بعض فقیروں کی صرف صورت دکھائی دیتی ہے، کیونکہ وہ ہمیشہ ایک گاڑی میں ہوتے ہیں۔ ان کے ہاتھ پاؤں ٹھنڈے رہتے ہیں اور جو گاڑی بان ہوتا ہے وہ ان کے لنگڑے لولے ہونے کی دہائی دے کر بھیک وصول کرتا ہے۔ حقیقت اللہ ہی جانے کیا ہے —!

ایک دن بچوں نے چلّایا — "بی بی ماں دیکھئے وہ عورت اندر کمرے تک آ گئی —" کیا دیکھتی ہوں ایک جوان عورت گلے میں کسی دیوتا کی خوبصورت تصویر لٹکائے ایک خوبصورت تھال میں چاول اور پیسے رکھی اندر آ گئی ہے بچوں نے پہلے ہی ڈر کر چونّی اس کی نذر کر دی تھی۔ میں نے غصہ سے کہا: —

"نکل جاؤ باہر"۔۔۔ جواب ملا ۔۔۔ ڈانٹ کس کو رہی ہو ۔؟ بھیک ہمیں دے رہی ہو کیا ۔۔۔ ؟ بھیک نہیں نذرانہ دو دیوتا کو ، اور چار آنے کے ساتھ ایک کلو چاول بھی دو ۔۔۔۔" میرے غصہ کا اس پر کوئی اثر نہ ہوا ۔ وہ برابر اپنے جملے دُہراتی رہی اور آخر کار غصہ سے کہنے لگی :

آنکھیں نکال رہی ہو، سو دیکھو مٹی کُٹی ۔ ۔ ۔ ۔ ۔ ۔ خیرات نہیں دیتی۔ کنجوس مکھی چوس ۔۔۔۔ اس کا یہ گرجنا میرے رکشہ میں سوار ہونے تک جاری رہا ۔

کچھ فقیر ایسے ہیں جو ایسے وقت آتے ہیں جب گھر پر کوئی مرد نہیں ہوتا ۔ اور وہ رُعب داب سے خیرات وصول کرتے ہیں ، مثلاً آپ ان کی ایک ہی آواز پر دروازے کی طرف دوڑ کر دو چار پیسے دے کر انھیں لوٹانا چاہیں تو وہ ہرگز نہ مانیں گے ، بلکہ سگریٹ ، گرم کوٹ ، روٹی یا کم از کم ایک عدد چائے کی پیالی کا مطالبہ کر بیٹھتے ہیں ۔

بعض فقیر سیاست داں بھی ہوتے ہیں ، اور ان میں لیڈروں جیسی عادتیں بھی ہوتی ہیں ۔ وہ خوب جانتے ہیں کہ کہاں کیا کرنا ہے ، اور کس گھر پر کس انداز میں آواز لگانی چاہیئے ۔ ہمارے گھر ایک فقیر آتا تو " یا حُسین " کا نعرہ لگاتا ۔ اور بازو والے گھر پر جاتا تو " یا غوث " کا صدقہ کہہ کر جیب اور پیٹ دونوں بھرتا ۔ اتفاق کہ ہم نے اپنا مکان اپنے پڑوسیوں سے بدل لیا ۔ اس فقیر نے حسبِ عادت قدیم ہمارے مکان پر " یا غوث کا صدقہ دلاؤ ۔" کی صدا لگائی ۔ ہمارا باورچی جو مزاح پسند ہے فوراً چِلّا اٹھا ۔" شاہ صاحب یہ گھر حُسین والوں کا ہے ۔۔۔ غوث والوں کا گھر وہ ہے جس میں ہم رہتے تھے " میں نے سمجھا اب وہ فقیر ہمارے گھر نہ آئے گا لیکن دوسرے دن پھر وہ موجود تھا اور نعرہ بدلا ہوا ۔

ایک فقیر صاحب نے تو حد کر دی ۔ وہ حکم لگا دیں گے کہ فلاں پیر نے فلاں

بزرگ نے حکم دیا ہے کہ ایک روپے سے کم نہ لو اور وہ اس وقت تک پیچھا نہ چھوڑیں گے جب تک حکم کا روپیہ نہ ملے، مگر ہم نے بھی یہی جواب دیا کہ جن پیر صاحب نے یا بزرگ صاحب نے آپ کو روپیہ لینے کا حکم دیا ہے ہمیں صرف دس پیسے دینے کے لئے ارشاد فرمایا ہے۔

بعض فقیروں کے بارے میں سُنا ہے کہ موٹر نشین ہیں۔ دن بھر پھٹے پُرانے کپڑوں میں بھیک مانگتے نظر آتے ہیں، اور شام ہوتے ہی بہترین لباس پہن کر موٹر میں بیٹھے تفریح کرتے ہیں ـــــ سُنا ہے کہ کسی اللہ والی فقیر عورت نے تو سو روپے دان دیئے۔ بہر حال جس دیش میں ایسے سخی فقیر ہوں وہاں کے عوام کی خوشحالی ختم نہ ہوگی تو کیا ہوگا ـــــ ؟ یہ سب لُوٹ کھسوٹ اللہ کے نام پر کی جاتی ہے ـــــ بندے نے اللہ میاں کو بھی نہ چھوڑا ـــــ

سُنا ہے کہ نئے فقیر کو پُرانے فقیر اپنے گروہ میں شامل ہونے نہیں دیتے۔ ان کے گروہ میں ملنے کے لئے کسی جگادری فقیر کی "مریدی" اختیار کرنی پڑتی ہے۔ کاسۂ گدائی ہاتھ میں آجاتا ہے۔ فقیرانہ چال ڈھال دیکھی جاتی ہے۔ ساری زندگی اپنے غصہ کو اپنی جھولی میں اُتارنے کا امتحان لیا جاتا ہے۔ یہاں تک کہ اس آزمائش کے دوران غصہ کے بوجھ سے جھولی پھٹ پڑتی ہے۔ یہی نہیں بلکہ فقیرانہ صدا لگاتے لگاتے اِس دنیا سے گذر جانے کا عہد کیا جاتا ہے۔

بعض فقیر ایسے بھی دیکھے گئے ہیں جو کہیں ملازمت کرتے ہیں۔ اور صبح و شام بھیک مانگتے ہیں۔ ان سے پوچھئے کہ آخر بھیک مانگنے کی کیا ضرورت ہے، تو فوراً غصہ میں جواب دیں گے۔ ـــ "کیا ہم اپنا آبائی پیشہ چھوڑ دیں ـــــ" ؟

۹۳

گالیاں کھا کے بے مزہ نہ ہوا

اُردو کے کلاسیکی شعرا کا کلام پڑھ جائیے، عاشقوں کی سخت جانی اور دُشنام پسندی کے بے شمار نمونے آپ کو ملیں گے۔ محبوب کے مُنہ سے گالیاں سُننا تو عاشقوں کی قسمت میں لکھا ہوتا ہے، اور اپنے اس نوشتۂ تقدیر پر ان کو ناز بھی ہوتا ہے، گویا خطابات ہیں جو معشوق کی سرکار سے انھیں عطا ہوئے ہیں۔ معشوق گالیوں میں گل فشاں ہے اور اور عاشق کے کان نغمہ زار بن رہے ہیں۔ اپنے ہم نفس غیرت دلانے سے پہلے وہ اپنا پوزیشن یوں سنبھال لیتے ہیں ؎

دُشنامِ یار طبعِ حزیں پر گراں نہیں
اے ہم نفس نزاکتِ آواز دیکھنا

یا پھر کبھی حالت یہ ہوتی ہے ؎

لگتی ہیں گالیاں بھی ترے مُنھ سے کیا بھلی
قربان تیرے پھر مجھے کہہ لے اسی طرح

معشوق کی گالیاں اگر عاشق کے حق میں عزّت افزائی کا باعث ہیں تو خیر ٹھیک بھی ہے، کیونکہ اکثر عاشق بُری صحبت سے سَنور کر معشوق تک پہنچتے ہیں۔ بازاری گالیوں سے معشوق کی گالیاں مہذب ہوتی ہیں۔ لیکن بھلا ہو عشق کا کہ عاشق بیچارہ رقیب کی گالیاں سُنتا ہے، دربان کی گھرکیاں سہتا ہے اور پاسبان تک کی گالیوں کا جواز ڈھونڈ نکال لیتا ہے ؎

۹۴

دے وہ جس قدر ذلت ہم ہنسی میں ٹالیں گے

بارے آشنا نکلا، ان کا پاسباں اپنا

دیکھئے ہمارا اندیشہ درست نکلا۔ عاشق بُری صحبت کا تربیت یافتہ ہے۔ اور یہ حُسنِ اتفاق ہے کہ ایک دوست عاشق بن گیا اور دوسرا پاسبان !! عاشقوں کی بات چل نکلی ہے تو ہمیں عاشقوں کے لیڈر مجنوں کا خیال آگیا، جنھیں لیلیٰ تو لیلیٰ اُس کے کتّے سے بھی عشق تھا۔ اور جب وہ کتّا بھونکتا ہوا اُن پر جھپٹتا تھا تو وہ اس طرح سر دُھننے لگتے تھے جیسے وہ کسی گراموفون پر اُستادی موسیقی کا ریکارڈ سُن رہے ہوں، ایک روایت بھی ہے کہ مجنوں صاحب اپنے مکتب کے سب سے ذہین طالب علم تھے۔ اور جب بھی ان کے اُستاد ان کو گالیوں سے نوازنا چاہتے تو وہ درخواست کرتے کہ گالیاں دینا ہی ہے تو میری گرل فرینڈ لیلیٰ سے یہ خدمت لی جائے۔ کہا جاتا ہے، پورے تعلیمی گھنٹے لیلیٰ گالیاں دیتی رہتی اور کلاس کا نصاب پورا ہوتا رہتا۔

یہاں ہمیں ایک واقعہ یاد آگیا۔ ایک صاحب ہماری جان پہچان کے ہیں، خاصے اچھے بھلے، اچھی پوسٹ، اچھا پوزیشن، معقول آمدنی۔ ان کے بارے میں ہمیں قطعی علم نہیں تھا کہ وہ عاشق بھی ہیں۔ کیونکہ چہرے بُشرے سے دُور دُور تک عاشقی کے آثار نظر نہیں آتے تھے۔ ایک دن ان کے گھر کھانے کی دعوت تھی۔ ان کے دوست احباب جمع تھے، اور کھانے کے لئے جلدی کر رہے تھے۔ انھوں نے دو چار دفعہ کھانے کے لئے آواز دی۔ اس کے بعد ان کا لہجہ تیز ہوا تو ایک سیاہ فام لحیم شحیم خاتون باہر نکل آئیں اور مجمع احباب میں خوب بُرا بھلا کہا۔ یہ خفیف ہوئے جا رہے تھے۔ مگر ان صاحب کا یہ عالم تھا کہ مسکراتے مسکراتے "بجا کہتی ہو، سچ کہتی ہو۔" کی تصویر بنے ہوئے تھے۔ ہم نے ان کی غیرت کو للکارا کہ دُنیا کا کوئی مرد ایسی باتیں ایسی بدہیئت خاتون کی زبان سے نہیں سُن سکتا تو انھوں نے یہ شرمیلا انکشاف کیا کہ "سُننا تو پڑے گا جی۔ یہ تو ہماری محبوبہ ہیں۔ اور جانتی ہیں معشوق کی گالی سے تو عزت نہیں جاتی۔ جی ہاں!

معشوق کی گالی سے عزّت افزائی ہوتی ہے اور ہم حیران رہ گئے کہ یہ شخص اپنی بیوی کو محبوبہ کہہ رہا ہے۔ اس عاشقی میں کیسے کیسوں کی عزّت چلی جاتی ہے، اس دن ہم کو اس بات کا آنکھوں دیکھا یقین ہوگیا کہ واقعی محبت اندھی ہوتی ہے، نہ صرف اندھی، بلکہ بہری بھی !!

عاشقوں کے بعد سیاسی بے روزگاروں کا نمبر آتا ہے جو زیادہ موٹی چمڑی کے ہوتے ہیں بلکہ انھیں تو آہنی چمڑی کے کہنا چاہیئے ۔ ایک صاحب کو پولیس نے سیکل چُرانے کے الزام میں دھر لیا۔ ضروری کارروائی کی جانے لگی تو انھوں نے التجا کی کہ پولیس اسٹیشن کے بجائے چوراہے پر ان کی مرمت ہو تو وہ اقبالِ جرم کرلیں گے۔ پولیس کے ذکر پر ہم دبی زبان میں کہتے چلیں کہ ان کی خوش گفتاری بھی مسلمہ ہے، اور رکشہ والوں کے لئے تو ان کی خطابت ٹانک کا اثر رکھتی ہے ـــــ کسی نے ہم کو سمجھایا کہ آپ انھیں گالیاں نہ سمجھیں، یہ تو تکیہ کلام ہیں اور تکیہ بھی ایسا کہ شرمندۂ کلام نہیں ہوتا۔ یقین نہ آئے تو پولیس والوں کا وہ طرزِ عمل دیکھئے جو ہفتہ خوش اخلاقی کے دوران رَوا رکھا جاتا ہے۔ یعنی معلوم ہوتا ہے، سب گونگے ہو گئے ہیں، اور آبرو یا ہاتھ کے اشارے پر ہی قادر ہیں۔ اس ہفتہ خوش اخلاقی میں رکشہ والوں کی جوابی بداخلاقی کے مظاہرے بھی دیکھنے میں آتے ہیں۔ اور یہ محسوس ہوتا ہے کہ گالیاں دینا اور کھانا ایک عجیب لین دین ہے جس میں کسی کو گھاٹا نہیں ـــــ اور پولیس کو بخوبی علم ہے کہ ہفتہ میں صرف سات ہی دن ہوتے ہیں۔!

اور یہ ہیں ایک کرایہ دار ـــــ پرسوں جب ہم کالج سے واپس ہو رہے تھے تو ہم نے دیکھا کہ پڑوسی کے گھر پر سارا محلہ جمع ہے اور ایک صاحب گلا پھاڑ پھاڑ کر چِلاّ رہے ہیں۔ ہم نے دیکھا بیچارہ پڑوسی درمیان میں سر جھکائے کھڑا ہے اور وہ صاحب ہیں کہ دھمکیوں سے گالیوں پر اُتر رہے ہیں: "عدالت کی سیڑھیاں چڑھوا لوں گا ـــــ سامان قُرق ہوگا، تب آپ کو پتہ چلے گا۔" کبھی کہتے کہ

"یوں بُت بنے رہنے سے فائدہ نہ ہوگا۔ چھ ماہ کا کرایہ نہ دے کر مسکین شکل بنائے کھڑے ہیں، شرم بھی نہیں آتی آپ کو؟ لاتوں کے بھوت باتوں سے تھوڑے ہی مانتے ہیں" !!

ہم نے اس بیچارے کرایہ دار کی ایک آنکھ میں چمک اور ایک میں اداسی دیکھی، اور ان مکان دار صاحب کا غصہ تو ۱۱۰° پر پہنچ گیا تھا۔ کہنے لگے: ـــــــ "مکان نیلام نہ کردوں تو نام نہیں۔" ہمیں ہنسی آئی کہ مالک مکان خود اپنے مکان کا نیلام کردینے کی دھمکی کس مزے سے دے رہا ہے۔ اس آخری دھمکی کے بعد صاحبِ مکان بھی چلے گئے اور مجمع بھی چھٹ گیا اور ہم نے ان کی طرف نظر اٹھا کر جو دیکھا تو ہمیں ایسا محسوس ہوا جیسے ان پر اس ساری برسات کا کچھ بھی اثر نہیں ہوا۔ انھوں نے فاتحانہ انداز سے ہماری طرف دیکھا اور گھر کے اندر چلے گئے۔

ہم ایک ایسے کرایہ دار سے بھی واقف ہیں جو مہینے کی ابتدائی تاریخوں میں گھر کو قفل لگا کر خود دوسروں کے مہمان بن جاتے ہیں اور مکان دار صاحب زبانی گالیوں سے مایوس ہوکر گھر کی گیٹ اور دیواروں پر باقاعدہ سائیکلو سٹائل گالی نامہ چسپاں کرجاتے ہیں۔ ہمیں امید ہے کہ اس کے بعد گالیاں جلی اور انمٹ تحریر میں زیب دیوار ہو جائیں گی

گالیوں سے نمٹنے والا ایک اور طبقہ قرض داروں کا ہے۔ ہمارے خیال میں آدمی کسی سے قرض لینے سے پہلے ہی بے عزتی اور بے غیرتی کی چادر اوڑھ لیتا ہے، اور قرض دینے والا قرض دے کر یہ سمجھنے لگتا ہے کہ اس نے مقروض کو خرید لیا ہے اور اس کے پورے حقوق اس کے حق میں محفوظ ہو گئے ہیں۔ ہم نے ایک منظر دیکھا ہے کہ قرض خواہ مقروض کو گالیوں سے نواز رہا ہے اور غالباً مقروض قرض خواہ کی صورت میں کسی معشوق کا تصور باندھے کھڑا ہے۔ چہرے پر بے حس مسکینی طاری ہے اور ہر گالی کے جواب میں ایسا عاجزانہ ردّعمل جیسے دولھا بنت فلاں کو بعوض سکّہ رائج الوقت قبول کیا میں نے کا خراجِ شوہریت پیش کر رہا ہو۔ جب قرض خواہ

اپنا میگزین خالی کر چکا تو مقروض نے ایک جماہی لیتے ہوئے کہا :

تو پھر آئندہ ماہ ضرور تشریف لائیے ۔ انشاء اللہ ـــــ ضرور تشریف لائیے ، ادائیگی ہوجائے گی ۔ اور قرض خواہ نے جو ایک آخری گالی خود اپنے لئے محفوظ کر رکھی تھی ، ان پر جھونک دی اور تیز تیز قدم آگے نکل گئے ۔

اور گالی کا وہ دھندہ ہمیں بہت پسند آیا جس میں راستے کا فقیر للکارتا ہے :

" دس پیسے لوں گا ایک گالی دوں گا " ـــ اور ہمیں معتبر ذریعے سے معلوم ہوا ہے کہ اس فقیر کی روزانہ آمدنی دس روپیوں سے متجاوز ہے ۔ اور اپنے عقیدت مندوں کو گالیاں سنا کر وہ اس قدر مسرور ہوتا ہے کہ خدا بھی اپنے گنہ گار بندوں کو دوزخ میں پھنکوا کر نہ ہوتا ہوگا ۔

اس ترجمان کو ہم آپ کے حوالے کرتے ہیں جو ایک مقامی ٹیکسی ڈرائیور اور ایک پردیسی مسافر کے بیچ میں ثالث بنتا ہے ۔ مقامی گالیوں کو وہ شیریں الفاظ کا ترجمہ سمجھتا ہے ۔ اور پردیسی اپنا طیش بھول کر ہر گالی کے ترجمہ پر ہمہ تن سپاس بنتا رہتا ہے ۔ اگر ترجمان کو اپنی فیس پر قابو ہو تو وہ ایک جھگڑے کو ختم کرانے میں کامیاب ہوجاتا ہے ۔ لیکن اگر وہ قابو نہ رکھ سکا تو پھر مسافر اور ڈرائیور ـــــ دونوں ایک طرف اور وہ اکیلا ـــــ اور جب دو ایک طرف ہوجاتے ہیں تو زبان کے استعمال کی بہت کم ضرورت لاحق ہوتی ہے ـــــ آپ تو جانتے ہی ہیں ـــــ !

■■

ایک لڑکی

ایک لڑکی بگھارتی ہے دال ۔ وہ ہوم سائنس کی گرایجویٹ ہے ۔ اِسکوٹر چلاتی ہے ۔ مغربی رقص جانتی ہے ۔ اس نے پہلے محبت کی ، پھر شادی کے لئے رضامند ہوئی لیکن آج ماما چھٹی پر گئی ہے تو اِس لڑکی کو دال بگھارنا پڑ رہا ہے ۔

پکوانوں میں دال بہت آسانی سے پک جاتی ہے ۔ لیکن اس کے لئے بھی وہ پکوان کی کتاب کی محتاج ہے ۔ ایک ہاتھ میں پکوان کی کتاب ، دوسرے میں جاسوسی ناول اور چولھے پر بگھار ۔ لڑکی کو اس کے کالج کے دن یاد آرہے ہیں ۔ پکوان کو وہ اپنے شایان شان نہیں سمجھتی تھی ۔ اس لئے جب دوسری لڑکیاں پکوان سیکھتی تھیں ، وہ خاموش بیٹھی تماشا دیکھا کرتی تھی ۔ البتہ جب چکھنے کی نوبت آتی تو وہ اکڑتی ، ناک بھوں چڑھاتی ، ہر پکوان کا ذائقہ دیکھتی ۔ امتحان کے لئے تو اُسے بھی ایک چیز تیار کرنی ہی پڑی ۔ اُس نے کیک تیار کیا ۔ لیکن پکوان کی ٹیچر نے کیک کا ٹکڑا چکھا تو کراہت سے تھوک دیا اور یہ لڑکی پکوان میں بُری طرح ناکام ٹھہری ۔

ہُوا یہ کہ کیک کی ترکیب جس ورق پر لکھی تھی وہ ورق ہوا کے جھونکے سے اُلٹ گیا اور کیک کی جگہ کوفتے کی ترکیب آگئی ۔ کیک میں نمک جھونکتے ہوئے لڑکی ٹھٹکی تو سہی لیکن پکوان کے معاملے میں لڑکی کو اپنے سے زیادہ کتاب پر بھروسہ تھا ۔ اس لئے نمکین کیک تیار ہوگیا ۔

اس لڑکی کی نانی ہر قسم کے پکوان کی ماہر تھی ۔ اس کا مقولہ تھا ۔ شیطان کو

رام کرنا ہے تو اس کا پیٹ بھرو ۔ وہ یہ بھی کہا کرتی تھی ۔جس برتن میں چوڑیوں کی جھنکار نہیں گونجتی اس پکوان میں ذائقہ ہی نہیں ہوتا ۔ لیکن ہوٹلوں کی اس بہتات میں لڑکی کو نانی کی باتیں بے وقت کی راگنی معلوم ہوتیں ۔ آج جب وہ دال بگھارنے کے مرحلے سے گزرنے والی ہے اس لڑکی کو اپنی نانی کی باتیں تجربے پر مبنی حقیقتیں محسوس ہو رہی تھیں۔ بگھار سُرخ ہو گیا ۔ لڑکی نے جاسوسی ناول رکھ دیا اور پکوان کی کتاب پر ایک گہری نظر ڈال کر اپنی جگہ سے اُٹھ بیٹھی ۔ ہانڈی سے ڈھکن اُلٹ کر بگھار انڈیلا جانے لگا ۔ ایک زوردار چھنا کا ہوا ۔ اور کڑکڑاتے تیل کا ایک چھینٹا اچھل کر لڑکی کی ناک پر چپک گیا ۔ لڑکی نے تڑپ کر ناک تھامی اور ہنڈیا بے سہارا ہو کر نیچے گر گئی ۔ ہنڈیا کے ساتھ بگھار کی دیگچی بھی گری ، اور بگھاری ہوئی دال زمین پر بہہ نکلی ۔ لڑکی نے بے بسی کے عالم میں گری ہوئی دال کو دیکھا ، اس کی آنکھوں میں آنسو چھلک آئے ۔ دال کی سوندھی سوندھی خوشبو میں اس کا ذہن اس تعریف کے تصور میں جھوما تھا ۔جب اس کا شوہر اس کی پکائی ہوئی دال کھائے گا اور چٹخارے لیتا ہوا اس کی مہارت کے گن گائے گا ۔ اور اب تو نہ جانے کتنی پھٹکار سُننی پڑے ۔ اس نے چوروں کی طرح گری ہوئی دال میں اپنی انگلی ڈبوئی اور چکھ کر دیکھا ۔اس قدر لذیذ دال اس نے آج تک نہیں چکھی تھی ۔

اسکوٹر کی پھٹ پھٹ پھاٹک تک آ پہنچی ۔ شوہر کا معدہ بھی اُسی طرح گرم ہو گا لڑکی کا دل دھڑکنے لگا ۔ دوپہر کے کھانے سے محروم شوہر کے خیر مقدم کے لئے تو چُنا ہوا دستر خوان ضروری ہوتا ہے ۔ ورنہ بھوکے شوہر کو خالی رکابیوں سے ایسے بہلانا ہی خطرناک ہوتا ہے جیسے بھوکے شیر کے سامنے ویجیٹیرین غذائیں رکھنا ۔ شوہر گھر میں داخل ہوا ــــ کھانا کھانا ــ !!

لڑکی کو ایک کہانی یاد آئی ــــ ایک شہزادی کسی دیو کے غار میں چُھپی بیٹھی تھی کہ اتنے میں دیو آ گیا ـ " آدمی ــ آدمی " وہ چلّانے لگا ۔

کیونکہ شہزادی کی بُو، اُس نے سونگھ لی تھی۔ شوہر نے دال کی خوشبو بھی سونگھ لی ہوگی۔ ہائے! کیا مزے کی دال تھی۔ لیکن اب اس کی یاد میں آنسو بہانے سے کیا فائدہ۔ کھانا لاؤ۔ شوہر نے چیخا۔ لڑکی سہمی ہوئی ایک کونے میں دبکی کھڑی رہی۔ اس نے اپنے چہرے پر معصومیت طاری کرلی۔ پھر اس معصومیت میں عاجزی کا رنگ پھیر دیا۔ اس کے بعد ندامت کی ہلکی سی سُرخی جھلکا دی۔ اور آخر میں ایک ہلکی سی دست بستہ مسکراہٹ کو ہونٹوں پر ٹھہرا دیا ے

قتل کرڈالو ہمیں یا جرم الفت بخش دو
لو کھڑے ہیں ہاتھ باندھے ہم تمہارے سامنے

شوہر نے صورت حال تاڑلی، تو کھانا ابھی تیار نہیں۔ لڑکی نے ہونٹ چباتے ہوئے کہا۔ ابھی ہُوا جاتا ہے۔

" اب تک نہیں ہُوا ؟ اور ابھی ہو جاتا ہے۔ ؟ کم از کم دال ہی پکا دی ہوتی۔ بڑی آئی ہیں۔

بی۔ ایس۔ سی ہوم سائنس دال نہیں پکا سکتیں ؟۔

" دال کیا چیز ہے؟ میں تو پلاؤ پکانا جانتی ہوں۔"

" خیالی پلاؤ۔" شوہر نے جھڑکا دیا۔

لڑکی سنبھل گئی۔ تو آیئے خیالی پلاؤ ہی آپ کو کھلادیں۔"

" نہیں میں ہوٹل جارہا ہوں۔" شوہر نے پلٹتے ہوئے کہا۔

لڑکی نے التجا کی۔" صرف پانچ منٹ ٹھہریئے۔"

" پانچ منٹ میں کیا پک سکتا ہے" ؟ شوہر کو کچھ امید بندھی تھی کہ شاید اس پانچ منٹ میں کچھ تیار ہو جائے۔ لیکن لڑکی کا منصوبہ تو اور ہی تھا۔ اس نے جواب دیا۔" پانچ منٹ میں کچھ تیار نہیں ہو سکتا، میں تیار ہو سکتی ہوں۔"

" تم کوئی مزے دار نوالہ ثابت نہیں ہوگی۔" شوہر لڑکی کے ارادہ کو بھانپ

نہ سکا۔

"اجی ہم کب تناول کے لئے تیار ہوں گے۔ ہم تو آپ کے ساتھ ہوٹل چلیں گے۔ آپ کو ہمارے ساتھ ہم طعامی کا شرف بخشیں گے۔"

اوراس کے بعد لڑکی نے اپنی کارگزاری کا منظر دکھایا۔ فرش پر بچھی دال کو دیکھ کر شوہر نے ایک آہ بلند کی۔

"گھر کا پکوان مٹی میں اور کھانا ہوٹل میں۔ بہت جلد تم مجھے لکھ پتی بنا دو گی۔"

میں نہیں بناؤں گی آپ کو لکھ پتی۔ کل ہی ماما آجاتی ہے۔"

لڑکی نے اسکوٹر سنبھال لیا۔ معلوم نہیں اسکوٹر چلانے والی بیوی کے پیچھے بیٹھ کر ہوٹل جانے والے شوہر کی بھوک تیز ہو جاتی ہے یا کم . . .

۱۰۲

ہڑتال

ہڑتال کا چلن کچھ اس قدر عام ہوگیا ہے کہ یہ اب زندگی کا لوازمہ بن گئی ہے۔ ہڑتال کے بغیر گویا زندگی میں لطف ہی نہیں۔ بعض لوگ ہڑتالوں کے کچھ اس قدر عادی ہو گئے ہیں کہ اگر شہر میں گڑبڑ ہنگامہ نہ ہو تو کہتے ہیں: شہر بڑا بے رونق ہو گیا ہے۔ پولیس اور آر۔ٹی۔سی والوں کی کیفیت اس دیوانے فقیر کی سی ہو جاتی ہے جسے ہر روز پتھر مارے جاتے تھے اور ایک دن جب بچوں نے اس پر پتھر نہیں مارے تو وہ عادی فقیر گالیاں دیتا جاتا اور کہتا تھا کہ:

"کہاں مر گئے آج ــــ کوئی نظر نہیں آتا۔"

غالبؔ نے سچ ہی تو کہا تھا ؎

ہے سنگ پر براتِ معاشِ جنونِ عشق
یعنی ہنوز منّتِ طفلاں اٹھائیے

جنونِ عشق کی پرورش کے لئے بچوں کی سنگ باری ضروری ہے۔ یہی حال زندگی کی ہماہمی کا ہے۔ ہڑتالوں سے زندگی ہے اور زندگی کی بقا کے لئے جیسے غذا کی ضرورت ہے اسی طرح آج کی ہنگامہ پسند زندگی میں ہڑتالیں دخیل ہو گئی ہیں۔ یعنی زندگی کی پرورش کے لئے ہڑتالیں ضروری تصور کی جانے لگی ہیں۔

غالبؔ نے اپنے محبوب سے رقیب نوازی کا گلہ کیا تو محبوب نے غالبؔ کے

خلاف رقیبوں کا ایک اجتماع طلب کیا تھا تو غالبؔ کو توبہ کرنی پڑی تھی ؎

جمع کرتے ہو کیوں رقیبوں کو
اک تماشہ ہوا گلہ نہ ہوا

یہ ہڑتالی کارروائیاں بھی ابتدا میں تماشہ کا لطف رکھتی ہیں۔ جلوس میں، بوقلمونی کا یہ عالم ہوتا ہے کہ اگلے حصّے میں کسی نعرہ پر زندہ باد ہوتا ہے تو آخری حصّے میں کسی دوسرے ہی نعرہ پر مُردہ باد۔ اب اس ہنگامے میں جو آوازیں پلّے پڑتی ہیں وہ زندہ باد، مردہ باد ہی کی ہوتی ہیں۔ نعرہ بازی کے بعد ہوٹلوں کی خبر لی جاتی ہے اور یہیں سے ان حرکتوں کا آغاز ہوتا ہے۔ جس سے پولیس کو چاق وچوبند ہونا پڑتا ہے۔ اور تِتّر بتّر ہوتا ہوا مجمع دُکانوں کے شوکیسوں، بجلی کے گولوں، موٹروں اور اسکوٹروں کو سنگ باری کا نشانہ بناتا ہوا ہڑتال کے مقاصد کی تکمیل کر دیتا ہے۔ کسی ہڑتال میں پتھر کا نشانہ بننے والے ایک تماشائی کو خود اپنی غلطی کا اعتراف تھا کہ وہ قطعی نہیں جانتے تھے کہ انسان لوٹ کر حجری دَور میں پہنچ گیا ہے۔ پتھر بازی کے ذکر کے ساتھ ہی غالبؔ پھر یاد آ گئے۔ انھوں نے بھی لڑکپن میں مجنوں کی تواضع کے لئے سنگ اٹھایا تھا لیکن سنگ بار ہوتے ہوتے رہ گئے۔ کیونکہ ان کو اپنا سر یاد آگیا۔ جس کی قسمت میں بھی کسی کا سنگِ در لکھا تھا لیکن آج کل سنگ اُٹھایا جاتا ہے تو پھر وہ کسی بوڑھے راہ چلتے یا بس میں بیٹھے بے گناہ کی خبر ہی لے لیتا ہے۔ یہ بازاری ہڑتالیں ایک متعدی وبا کی طرح ہیں۔

مرغ فروشوں نے ہڑتال کی، بیضہ فروش اُن کے ساتھ ہو گئے، اور ان دونوں کی ہمدردی میں گوشت اور مچھلی فروش بھی ہڑتال کے لئے اُٹھ کھڑے ہوئے۔ اور یہ ہڑتالی ہمدردی کا جذبہ اس قدر جلد بھڑکنے اور پھیلنے والا ہوتا ہے کہ مچھلی فروش کے ساتھ گیاس کا تیل بیچنے والا ہو جاتا ہے۔ اور اس کے ساتھ گھاس بیچنے والا چلنے لگتا ہے۔ اور دیکھتے ہی دیکھتے ہر کس وناکس ہڑتال زدہ ہو جاتا ہے اور ٹھیک طور پر

کوئی نہیں جانتا کہ وہ کیا کر رہا ہے۔ کیوں کر رہا ہے؟ اس کے اقدام کا انجام کیا ہے۔
لیکن ان ہڑتالوں کے لئے دعائیں مانگنے والے بھی ہوتے ہیں۔ یہ لوگ بظاہر ہڑتال کرتے ہیں۔ لیکن اپنی دکانوں کو نیم بند رکھتے ہیں۔ اور منھ مانگی قیمتوں پر ضرورت کی چیزیں بیچتے ہیں۔ ایک اور گروہ ہے جو اس حرکت کو اپنی حیثیت سے پست جانتا ہے۔ اس لئے دوسروں کی محنتوں میں سے اپنا حق مانگنے نکلتا ہے۔
ہم نے ایک موالی کو وہ صدیوں پرانا سندیس سنایا:

"بھائی ہٹے کٹے ہو نوکری کرو۔ بھیک کیوں مانگتے ہو۔"

تو جواب ملا، جب تک ہڑتال شروع نہ ہو نوکری نہیں ملے گی۔ ہم حیران رہ گئے کہ ہڑتال میں تو کاروبار بند پڑے ہوتے ہیں۔ یہ بھلا مانس کیسے روزگار حاصل کرے گا۔ ہم نے پوچھا ہڑتال میں تو کام بند ہوتے ہیں۔ تمہیں نوکری کون دیگا؟ جواب ملا، ہڑتال کے دوران دفتر اور کارخانے کے لوگ سنگ باری کے میدان میں اناڑی ثابت ہوتے ہیں اور بید چارج بھی نہیں سہہ سکتے۔ شریف لوگ بیچاروں کو افسر کی ڈانٹ ہی سے بخار چڑھ جاتا ہے۔ اس لئے ہم کو مہذب لباس زیب تن کرنے اور مظاہرہ میں جان ڈالنے کے لئے روزآنہ پانچ روپے تنخواہ دی جاتی ہے۔ تنخواہ موقع کی نزاکت کے لحاظ سے بڑھتی اور گھٹتی بھی جاتی ہے۔

ہڑتال میں ہنگاموں کے سلسلے میں کام کی مناسبت اور اہمیت کے اعتبار سے بھرتی عمل میں آتی ہے۔ پوسٹرز لگانے والے، بینرز لے کر گھومنے والے، نعرہ لگانے والے، بھوک ہڑتال کرنے والے، پولیس کو اشتعال دلانے والے اور اس قسم کے مختلف ہڑتالی کام انجام دینے والوں کو الگ الگ شرحوں پر ملازمتیں ملتی ہیں۔ جو جس قدر چالاک، نڈر اور توانا ہوگا اتنی ہی اس کی آمدنی ہوگی۔ چونکہ ایمرجنسی میں یہ بھرتی عمل میں آتی ہے اس لئے ان کی جان و مال کی حفاظت کا کوئی ذمہ دار نہیں ہوتا۔ بعض مرتبہ نعرہ لگانے والے کو یہ بھی علم نہیں ہوتا کہ مطالبہ کیا ہے۔ ایسے لوگ عام طور

۱۰۵

پر جلوس میں پیچھے پیچھے ہوتے ہیں۔ اور اپنی مرضی اور سہولت کے مطابق (آسانی سے ادا ہونے والے) نعرے لگاتے رہتے ہیں۔

پتہ چلا ہے کہ ہڑتال سے بھی پیشہ ورانہ وابستگیاں معرض وجود میں آتی ہیں۔ اور اگر روزانہ کوئی نہ کوئی ہڑتال کا اہتمام ہوتا رہے تو ملک کی بے روزگاری اور گداگری کا مسئلہ بہت آسانی سے خود بخود حل ہو سکتا ہے۔

ہڑتالیں تین قسم کی ہوتی ہیں۔ بیرونی، اندرونی، اور اعصابی۔

بیرونی ہڑتالیں بہت ہنگامہ پرور ہوتی ہیں۔ اور ان کو بھی کئی شعبوں میں تقسیم کیا جا سکتا ہے۔ ملازمین کی ہڑتالیں۔ مزدوروں کی ہڑتالیں اور سیاسی ہڑتالیں وغیرہ۔ ملازمین اور مزدور کبھی سست رفتاری سے کام کرتے ہیں تاکہ تنخواہ ملتی رہے۔ قلم کار ملازمین قلم رکھ دو ہڑتال مناتے ہیں، لیکن حاضری کے رجسٹر پر دستخط ضرور کرتے ہیں۔ کبھی علامتی ہڑتال بھی منائی جاتی ہے۔ جو ہنگامہ کا پیش خیمہ ہوتی ہے۔ لیکن اکثر علامتی ہڑتال ان یونینوں کی طرف سے کی جاتی ہے جو انتظامیہ سے ملے ہوئے ہوتے ہیں۔ مطالبات طے کر لئے جاتے ہیں، لیکن اعلان سے ایک روز قبل علامتی ہڑتال کے نام سے چھٹی منا لیتے ہیں۔ جس کے دوسرے دن طے شدہ مطالبات کے معاہدے پر دستخط ہوتے ہیں اور اس طرح انتظامیہ شاد اور ملازمین بامراد —— چند دن بعد یونین کے الیکشن ہوتے ہیں جس میں ان مطالبات کی یکسوئی قائدین کے کام آتی ہے —— بعض مرتبہ غیر مختتم ہڑتال بھی کی جاتی ہے۔ جو اصل میں جوش و ولولہ کا نتیجہ ہوتی ہے۔ اکثر صورتوں میں اس طرح کی ہڑتال کرنے والے ملک گیر شہرت حاصل کر لیتے ہیں۔ لیکن ہڑتال ٹوٹنے پر انھیں کوئی نہیں پوچھتا۔ چاہے کتنے ہی مطالبات کی یکسوئی کیوں نہ ہو جائے۔ وہ معزول شدہ بادشاہوں کی طرح جان کی خیر مناتے ہوئے کونے کونے پھرتے ہیں۔ یہ تو تھا بیرونی ہڑتال کا ایک سرسری خاکہ۔

دوسری قسم کی ہڑتال کی جھلک ملاحظہ ہو۔ صاحب خانہ گھر والوں کا کفیل

ہوتا ہے۔ اس لئے ہر گھریلو ہڑتال کا وہی نشانہ بنتا ہے۔ بیوی کو گدوال کی ساڑی نہیں ملی۔ شام ہی سے سر میں درد شروع ہو گیا۔ رات کے کھانے پر صرف دال دی گئی اور ہر سوال کے جواب میں ایک سُلگتی ہوئی خاموشی۔ اب جب تک گدوال کی ساڑی حاضر نہیں ہو جاتی بیوی کی ہڑتال ختم نہیں ہوتی۔ بچوں کو نئے کپڑے درکار ہوں تو وہ پہلے والدہ محترمہ سے رجوع ہوتے ہیں۔ وہاں سے ان کی رہنمائی والد محترم کی طرف ہوتی ہے۔ اور اسکول اور کالج کی فیس طلب کی جاتی ہے۔ اور جب تک اس فیس کا انتظام نہیں ہوتا کوئی اسکول یا کالج جانے کا نام نہیں لیتا۔ اور یہ بات تو آپ سمجھ ہی گئے ہوں گے کہ یہ فیس کالج کے حساب میں جمع ہونے کے بجائے کپڑوں کی خریداری میں لگ جاتی ہے۔

بعض وقت گھر کے ملازم بھی ہڑتال برپا کر دیتے ہیں۔ تنخواہ بڑھائیے ورنہ غیر حاضریاں بڑھتی چلی جاتی ہیں۔ ایک وقت احساس ہوتا ہے کہ نوکر تو صرف پہلی تاریخ کو آکر تنخواہ لے جاتا ہے۔ مہینہ بھر ہم خود کام کرتے ہیں۔ دو وقت کی چائے دیجئے ورنہ سب کے آگے پون پیالی چائے آئے گی۔ بازار سے سودا سلف لانے دیجئے تاکہ گرانی میں اضافہ کی رفتار دو گنی بتا کر روزانہ کا خرچ نکالا جا سکے۔ بچوں کو ساتھ رکھنے دیجئے۔ ورنہ سالن میں نمک نہیں پڑے گا۔ مرچ کی ڈھیر انڈیل دی جائے گی، چاول میں کنکر اور آٹے میں کیرک جھونک دی جائے گی۔ اور جب تک ان کے مطالبات پورے نہ ہوں آپ کا کوئی حکم حسبِ دل خواہ پورا نہیں ہو گا۔ ——— آپ ملازموں کو رخصت نہیں کر سکتے۔ اس لئے آپ سرنگوں اور وہ سر بلند۔ !! ہڑتال صد فیصد کامیاب، اس ہڑتال کے بعد لازمی طور پر صدر خاندان پر اعصابی ہڑتال کا دورہ پڑ جاتا ہے۔ دماغ کچھ سوچنے سے منکر ہو جاتا ہے۔ ہاتھ یا پاؤں حرکت کے "مرتکب" نہیں ہوتے۔ معدہ بھوک کے لئے بنجر بن جاتا ہے اور کبھی کبھی تو دل بھی اعلان کر دیتا ہے۔ آج ہم بند ہے

۱۰۷

زندگی ہے یا کوئی طوفان ہے
ہم تو اِس جینے کے ہاتھوں مَر چلے

ہڑتال زیادتیوں کے خلاف احتجاج اور محرومیوں کی تلافی کی مانگ ہے ۔اور انسانی فطرت کے عین مطابق ۔ لیکن انسانیت ہو تو اس کے فطری تقاضوں کی تکمیل ممکن ہے ۔ انسانیت نظم وضبط کی پابند ہو تو سطوت کِردار میں فاتح عالم ہوتی ہے لیکن بدقسمتی سے توڑ پھوڑ اور بدنظمی ہی کو حصول مقصد کا واحد ذریعہ سمجھ لیا جاتا ہے ۔ اور ہر شخص من مانی کرنے میں آزاد ہو جاتا ہے ۔لیکن کسی کو خیال ہی نہیں آتا کہ اس کی خودسری کی زد میں سڑک کے بجلی کے گولے ہی نہیں گھروں کے چراغ بھی بُجھ جاتے ہیں ۔اگر کوئی مطالبہ کرتا ہے کہ ہڑتال میرا بنیادی حق ہے تو دوسرا کوئی یہ بھی کہہ سکتا ہے کہ اس کی ہڑتال کے خلاف ہڑتال کرنا بھی اس کا بنیادی حق ہے ۔ یہ سچ ہے کہ ہڑتال کو ہڑتال کاٹتی ہے ، جس طرح لوہے کو لوہا کاٹتا ہے۔

ایک ہڑتال کا دلچسپ واقعہ حال ہی میں پیش آیا ۔کسی تعلیم یافتہ لڑکی کا کہیں رشتہ طے پایا تو عین عقد کے وقت گھوڑے جوڑے کی رقم میں اضافہ پر اصرار ہوا ۔ دُلہن کے والدین نے بڑی مشکل سے عقد کی کارروائی جاری رکھی ۔ اس واقعہ کی اطلاع جب دلہن کو ملی اور جب اس کے لوگ ایجاب وقبول کے لئے آئے ــــ تو وہ جھٹ سے سیدھی کھڑی ہو گئی اور اس نے کہا :

"میں ہڑتال کا اعلان کرتی ہوں ۔ مجھے یہ شادی قبول نہیں ۔ گھوڑے جوڑے کی رقم واپس لے لی جائے ۔ برات لوٹا دی جائے ۔ ـــــ" وہ رات دلہن کو سمجھاتے مناتے گزر گئی ۔ لیکن اس نے اپنی ہڑتال واپس نہیں لی ۔ دوسرے دن جب دولھا کی ایما پر گھوڑے جوڑے کی رقم دلہن کے باپ کے حوالے کر دی گئی تو دلہن مسند پر بیٹھ گئی اور "قبول کیا" کے سوال پر گردن جھکا کر مسکرا اٹھی ۔

ایک اور واقعہ اسی قسم کا اُس وقت پیش آیا جب ایک دولھا میاں نے

دلہن کو بہ چشم خود دیکھنے کی ضد کی. لڑکی کے ماں باپ نے بہ ہزار حجت اس مطالبہ کو مان لیا. لیکن لڑکی نے ہڑتال کر دی کہ وہ حجام کا آئینہ نہیں بنے گی.

بہرحال کہنے کی بات یہ ہے کہ ہڑتال ضرور کیجئے. لیکن مناسب وقفہ سے ورنہ ہڑتال انسان کی شریک زندگی ہو جائے تو اس طرح کے جینے کو کہاں سے جگر آئے ۔ انسان تنوع پسند ہے ۔ تبدیلی کی خاطر، پسند ناپسند کرنے والے سب ہی ہڑتال میں شریک ہو جاتے ہیں. لیکن ہمارا مشورہ ہے کہ پہلے نشانہ صاف کرلیں، جو ہدفِ نظر ہے وہی نشانہ بنتا رہے ۔ ورنہ اگر کوئی معصوم زد میں آجائے تو کون یقین کرے گا کہ ہلاکو اور چنگیز دنیا سے اُٹھ گئے ۔ جوش کا اندھا دھند صرف دھواں اُٹھاتا ہے ۔ اور یہ دھواں ہوا کے ہلکے جھونکے کو بھی جھیل نہیں سکتا ۔

▬ ▬

ایک خط، جو پوسٹ نہ ہو سکا

میری کوئل !

کل رات ایک عرصہ بعد جو تم کو دعوت میں دیکھنے کا موقع ملا، تو میں کچھ دیر کے لئے تو تمہیں پہچان نہ سکا۔ اور سوچو پہچانتا بھی تو کیسے؟ سوا تمہارے رنگ کے۔ سب ہی کچھ تو بدلا بدلا سا تھا۔ تم صحت مند "عناصر" کے ساتھ بہت زیادہ تندرست نظر آرہی تھیں اور رونا تو اس وقت آیا جب کہ تمہارے چہرے سے تمہارے نوکیلے سفید دانت جو ہمیشہ تمہارے سیاہ لبوں سے پیوست رہتے تھے، میرے سے غائب تھے۔ مت پوچھو کہ اس وقت مجھ پر کیا کیفیت گزری۔ تم نہیں جانتیں کہ تمہارے اِن ظالم دانتوں سے مجھے کس قدر والہانہ محبت تھی، کیسا جذباتی تعلق تھا! جب بھی میں راتوں میں بستر پر لیٹا تمہاری یاد سے دل بہلانے کی کوشش کرتا۔ تو یہ تمہارے لمبے لمبے دانت ہی ہوتے جو مجھے تڑپایا کرتے ـــــ مگر مجھے پتہ نہیں تھا کہ وہ ہاتھی کے دانت ثابت ہوں گے، جو محض دکھاوے کے لئے ہوتے ہیں ـــــ آہ۔! ان کی یاد آج بھی بے چین کئے ہوئے ہے۔ سچ سچ بتاؤ میری کوئل! کونسی چیز تم نے ان دانتوں سے بنوائی؟ کہاں غائب ہوگئے وہ؟ کاش معلوم ہو سکتا تو میں انھیں حاصل کر کے اپنے کمرے میں سجاوٹ کے لئے رکھ چھوڑتا ـــــ اور ان ہی سے دل بہلایا کرتا۔

۱۱۰

میری کوئل! تمہارے دانتوں کے نہ ہونے کی وجہ سے تمہاری شخصیت ادھوری سی لگ رہی تھی۔ تمہارے سارے چہرے پر وہی ایک چیز تو دیکھنے کے قابل تھی۔ یہ تم نے اپنے حق میں بُرا کیا اور میرے ساتھ سخت ظلم ــــــ!

تمہارے ہونٹ، جب تک ان پر دانت لگے تھے، تنے ہوئے جوان نظر آتے تھے، لیکن اب سیاہ سوکھے سوکھے، جھُریوں سے بھرے ہونٹ ــــــ آہ بغیر دانتوں کے ایسے نظر آرہے ہیں جیسے کسی بیوہ کی ننگی کلائی یا پھر کسی بیوہ کی سُونی سُونی سی مانگ جس سے سیندور پونچھ لیا گیا ہو ــــــ!

یوں تو چھ کے چھ دانت جو باہر تھے، سب ہی خوب صورت تھے، مگر خاص طور پر تو درمیانی دو چوڑے اور نوکیلے دانت، جو ایک دوسرے پر سوار تھے بڑے قاتل تھے، بے حد کشش تھی اِن میں ــــــ! تم نے کیا کر دیا انھیں؟ ان کے بغیر کیسے کام چلا لیتی ہو؟ کیا تم نے مصنوعی دانت لگوانے کے شوق میں ان پھاوڑے نما دانتوں کو اپنے سے جُدا کر دیا؟

رات دعوت میں اگر کسی نے تمہارا نام لے کر تمہیں مخاطب نہ کیا ہوتا تو سچ کہتا ہوں، بالکل پہچان نہیں سکتا تھا۔ اب رہا کیا؟ سارا حُسن تو ان دانتوں میں تھا ــــــ ہونے کو یوں تو تمہارے چہرے پر دو آنکھیں، ایک ناک موجود ہے مگر نہ آنکھوں میں کشش اور نہ ناک کا نقشہ درست! ہونٹ بھی اللہ کی عنایت سے ہیں، لیکن دانتوں کے بغیر ان کا وجود ہی بیکار ــــــ!

شاعروں نے محبوب کے سراپا کے بیان میں دانشوروں کی تعریف بھی کی ہے مگر اس کے لئے انھیں محبوب کو گدگدی کر کے ہنسنے پر مجبور کرنا پڑتا تھا، یا کوئی لطیفہ سُنا کر ہنسانا پڑتا ــــــ تب جا کر کہیں وہ کہہ سکتے تھے کہ ان کے محبوب کے دانت انار کے دانے ہیں یا تسبیح کے دانے یا میدانِ جنگ میں ہاری ہوئی پسپا فوج کے سپاہی ــــــ! مگر میری کوئل! تمہارے دانتوں کا ذکر کرنے کے لئے تمہیں ہنسانے یا منہ کھلوا کر ان کا جائزہ لینے کی ضرورت ہی نہ پڑتی تھی ــــــ

بہت دُور سے بھی ان کو دیکھا جاسکتا تھا ـــــ !!!

ضرور کسی دشمن سہیلی نے تمہیں ورغلایا ہوگا ـــــ اور تم نے اس کی بات مان کر یا تو اپنے دانت اُکھڑوا لئے ہیں یا پھر وائرنگ کروالی ہوگی ـــــ اگر تم نے وائرنگ کروالی ہے تو خبردار برقی کے خزانوں کے قریب نہ جانا، کہیں شاک نہ لگ جائے ـــــ ! تم جانتی تھیں ان دانتوں کی وجہ سے تمہاری (Personality) کتنی شاندار نظر آتی تھی۔ ہزاروں کے مجمع میں تم بہ آسانی دُور سے نظر آجاتی تھیں، لاکھوں میں تمہاری انفرادیت نمایاں ہوجاتی تھی ـــــ تمہاری اپنی ایک (Originality) تھی جس کو تم نے خود ختم کرڈالی ـــــ !

میری کوئل ! قدرت کی ہر تخلیق میں حُسن موجود ہوتا ہے، دیکھنے والی آنکھ کی ضرورت ہوتی ہے۔ تم کو خدا نے ایسے دانت عطا کئے تھے، جو اپنے اندر دوسروں کو متاثر کرنے، اپنی طرف متوجہ کرنے کی بے پناہ صلاحیت رکھتے تھے۔ قدرت کا کوئی کام مصلحت سے خالی نہیں ہوتا۔ جب تمہارے منہ میں دانت تھے، ہر شخص تم کو ایک بار دیکھنے پر مجبور ہوجاتا تھا۔ اور نہ جانے مجھ جیسے کتنے تمہارے دانتوں کے فریفتہ تھے ! مگر اب سوچو تو کیا دھرا ہے تمہارے منہ پر جو دوسروں کی توجہ اپنی طرف منعطف کرواسکے۔ اب تم میں اور دوسری عورتوں میں کیا فرق رہ گیا ؟ کون جانے یہ حسینائیں، میک اَپ سے لیس تھرکتی پھرتی جو نظر آتی ہیں اُن کے منہ میں دانت بھی ہیں یا نہیں ؟ اور اگر ہیں تو یہ ان کے اپنے ذاتی ہیں یا دوسروں کے استعمال شدہ بازار سے خرید کر لگائے ہوئے ہیں۔ اِن فیشن پرستوں کی کسی بھی چیز کے اصلی اور ذاتی ہونے کے بارے میں شک ہوتا ہے۔

تم نے اپنے دانت نکلواکر اوروں کو اپنے بارے میں شک وشبہ میں مبتلا کردیا۔

کئی مرتبہ تمہارے دانتوں کا ذکر احباب کی محفل میں ہوا۔ سب کا خیال

تھا کہ تمہارے دانت میرے لئے کباب میں ہڈی کا رول ادا کرتے ہوں گے ۔ مگر میں انھیں کیسے قائل کرتا کہ ان دانتوں کی موجودگی کی وجہ سے ایک خاص قسم کی لذت کا احساس پیدا ہوتا ہے ۔

ایک ضروری اور اہم بات ـــــــــــ اگر تم نے واقعی دانت اکھڑوا دیئے ہیں اور محفوظ رکھے ہیں تو خدا را وہ چھ کے چھ دانت میرے حوالے کر دو ، میں ان سے اپنی شیروانی کی گنڈیاں بنوالوں گا ـــــــــــ !

تمہارا
کالا کوّا

۱۱۳

گلے کا تعویذ

ایک زمانہ تھا جب عورت گھر کی رانی تھی۔ اور آمرانہ شان سے گھر گرہستی کے کاروبار چلاتی تھی۔ گھر کی چار دیواری کے باہر اس کا وجود صرف ایک مبصر کی حیثیت رکھتا تھا۔ اور کسی بھی معاملے میں اس کے عمل و دخل کو برداشت نہیں کیا جاتا تھا۔ وہ رانی چار دیواری کی اور مرد چار سمت راجا۔ اس طرح ہر گھر ایک لیڈی ڈکٹیٹر کی راجدھانی ہوا کرتا تھا۔ خدا بھلا کرے نئے زمانے کا کہ عورت و مرد دونوں کی ڈکٹیٹری کے خاتمہ کے لئے نئی تہذیب کو اس نے جنم دیا اور اس نئی تہذیب نے وہ گل کھلائے کہ سارے ڈکٹیٹر اپنی اپنی ڈکٹیٹری کا بپارہ سمیٹ کر رخصت ہوگئے اور ان کی جگہ جمہوریت پسند ڈکٹیٹروں نے لے لی۔ سب سے پہلا وار ہزاروں سال پرانی رسموں پر ہوا۔ اور یہ وار بھی کسی قدیم زمانے کے ہتھیار یا تلوار کا نہیں، بلکہ گھر کی چار دیواری پر گویا بل ڈوزر چل گیا۔ اور عورت کی ہتھکڑیاں بیڑیاں ٹوٹ گریں۔ اب وہ اپنے جائز حقوق کو اپنا کر مرد کے ساتھ ہر جگہ نظر آنے لگی۔ اور مردوں کے شانہ بہ شانہ چلنے لگی۔ چلتے چلتے عورت کو پتہ چلا کہ ترقی کی رفتار اتنی تیز ہے کہ اب عورت ملازمت چاہتی ہے تو اسے بھی No Vacancy کا بورڈ دیکھنا پڑتا ہے اور پھر چپلوں کو بار بار بدلئے۔ دفتر کو گھر بنا لیجئے... تب بھی اس بورڈ سے No خارج نہیں ہوگا۔

ہماری ایک سہیلی جو ماشاءاللہ سے ایم ، اے پاس ہیں ۔ ایم اے بھی فلسفہ سے کیا ہے اور جو ملازمت کی تلاش میں نکلیں تو انھیں فلسفہ کا بھاؤ معلوم ہو گیا ۔ جہاں بھی وہ گئیں، ان کی چرب زبانی اور منطقی دلائل جو انھوں نے امتحان کی تیاری کے لئے ازبر کئے تھے، ان کے ساتھ ساتھ گئے ۔ لیکن نوکری دینے والوں کی تو منطق ہی اُلٹی ہوتی ہے ۔ ان محترمہ کے دلائل کی ایک نہ چلی ۔ ایم اے پاس ہونا اور بات ہے ، ملازمت کا ملنا اور ـــــ پھر اس کا نبھانا تو بالکل الگ بات ہے ۔

ہماری ان سہیلی کو کئی ملازمتیں ملیں ۔ لیکن کوئی راس نہ آئی اور کوئی بھی ملازمت ایک ہفتہ سے زیادہ نہ چل سکی ۔ ہماری سہیلی کے یہ ارمان ان کے دل ہی میں رہے کہ کبھی اپنے employer کو وہ بھی ایک ماہ کی نوٹس دیں ۔ وہ ہمیشہ آٹھ پندرہ دن ہی میں نوٹسیں وصول کرتی رہیں ۔ تادیبی مراسلوں اور نوٹسوں کے کاغذات کو تولا تو ایک کیلو سے زیادہ ہی وزنی نکلے ۔ اَن گنت سرکاری ، نیم سرکاری ، خانگی کاروبار اور ملازمتوں سے تنگ آکر پہلے تو انھوں نے اپنے آپ کو " وہی ہوتا ہے جو منظورِ خدا ہوتا ہے " کہہ کر تسلی دی ۔ پھر " ہر حال میں مست مولا " رہ کر بھی دیکھ لیا ۔ جس کا سلسلہ دراز ہوا تو " پیری مریدی " اختیار کر گیا ۔ لیکن ایسی پیری مریدی کے لئے زمانہ سازی چاہیئے ۔ سیاست چاہیئے اداکاری چاہیئے ۔ ان کے فلسفے نے ان کو ہر جگہ ناکام بنایا ۔ کیونکہ لباس ، وضع قطع اور دوسرے مرشدی لوازمات سے وہ بے بہرہ رہیں ۔ نفسیات دانی اور چرب زبانی سے کچھ دنوں کام چل سکا ۔ لیکن تھوڑے ہی دنوں بعد پول کھل گیا کہ مراقبہ افیون کی چسکی کا نشہ ہے ، جسم پر جمع میل سستی اور کاہلی کا نتیجہ ہے اور جسم کی فربہی ، دراصل مفت خوری کا کرشمہ ہے ۔ غرض احدی پن ، غلاظت اور ڈیل ڈول نے زیادہ دنوں تک انھیں مسندِ مرشدی پر براجمان رہنے نہیں دیا

اور انھوں نے اپنے لئے ایک نئے پیشہ کا انتخاب کر لیا. وہ تھا مشاطہ گری، یعنی شادی بیاہ کرانے کا دھندا. اس دھندے کے لئے آدمی میں چار سو بیس[۴۲۰] کی صفت کا پایا جانا ازبس ضروری ہے۔ بہر حال کچھ دنوں اس روزگار نے کھانا کپڑا ضرورت سے کم سہی لیکن فراہم تو کیا۔ بہت جلد نقد لے کر اس نے جن کے عقد کروائے انھیں جلد یا بہ دیر عدالت کی سیڑھیاں چڑھنا پڑا۔ اور دونوں فریقین نے گواہی میں انھیں گھسیٹنے کی کوشش کی۔ تنگ آکر وہ یک لخت شہر سے ایسی غائب ہوئیں کہ پتہ تک نہ چلا۔ پھر ایک دیڑھ سال کے بعد جب انھیں یقین ہو گیا کہ ان کی تلاش کرنے والے شادی شدہ جوڑے طلاق حاصل کر چکے ہوں گے تو شہر میں چپکے سے رونق افروز ہو گئیں۔

ایک دن پرانے پل پر سے گزرتے ہوئے میری نظر ایک بورڈ پر پڑی۔

" قسمت کا حال، کل کی بات، ہو گی نہ ہو گی شادی، اولاد، ملازمت محبت، مشورہ مفت، لیڈی پامسٹ۔"

خواتین نے مردوں کے ساتھ زندگی کے مختلف شعبوں میں مسابقت کی ہے۔ دواخانے کھولے، اسکول اور بورڈنگ ہاؤس قائم کئے، ہوٹلیں چلائیں۔ لیکن لیڈی پامسٹ کا بورڈ دیکھ کر خواہ مخواہ جی چاہا کہ چلو اپنی قسمت بھی آزمالیں۔ شاید لیڈی پامسٹ ایک لیڈی کی قسمت میں کوئی ڈنڈی نہ مارے۔ جب میں نے دیکھا کہ وہی فلسفے کی ایم، اے کامیاب آرام کرسی پر دراز ہے تو میری حیرت کی انتہا نہ رہی۔ اطراف کچھ عورتیں اور بچے بیٹھے ہیں۔ دھواں ابل رہا ہے۔ عود، عنبر اور لوبان کی بو پھیلی ہوئی ہے۔ باہر چھوٹا سا کیو مردوں کا لگا ہے۔ مجھے دیکھا تو وہ بالکل انجان بن گئی۔ جیسے جانتی ہی نہیں۔ میں کچھ کہنا ہی چاہتی تھی کہ ایک موٹی نازی، بدنما عورت نے پکار کر کہا ــــ باری باری ــــ! اور میں اپنی باری کے انتظار میں ایک طرف بیٹھ گئی۔ میں نے اطراف واکناف

کا جائزہ لینا شروع کیا۔ کمرے میں مختلف سائز کی چالیس پچاس کاپیاں، کچھ پرانی کتابیں، تیل کے دھبوں میں لت پت اور دو پنجروں میں دو طوطے تھے۔
وہ بار بار سلیٹ پر کچھ ہند سے لکھتی، جوڑتی اور اس طرح باتیں کرتی جیسے وہ کسی نظر نہ آنے والے کو دیکھ رہی ہے، اور اُسی سے مخاطب ہے۔

وہ ایک خاتون سے کہہ رہی تھی، تمہاری قسمت اچھی ہے لیکن بیچ میں ایک چیز آگئی ہے جو تمہاری قسمت کو چمکنے نہیں دیتی۔ وہ سوال کچھ اس انداز سے کر رہی تھی کہ جواب خود بخود مخالف پارٹی سے مل جاتا۔ آخر میں صدقے کا ذکر ہوتا اور سوا روپیہ سے سوا گیارہ روپے تک بٹور لیتی۔ جب میری باری آئی تو اس نے مجھے روک دیا۔ ایک پہلوان قسم کا آدمی اندر داخل ہوا — اور آتے ہی اُس نے کہنا شروع کیا۔

" محترمہ میری زندگی آپ ہی کے ہاتھ ہے۔ میں سب کچھ کر سکتا ہوں۔ لیکن اپنی محبوبہ کو نہیں چھوڑ سکتا۔ وہ تو راضی ہے، مگر اس کے ماں باپ راضی نہیں ہیں"۔ اس نے انتہائی گمبھیر آواز میں ہاتھ اُٹھا کر کہا۔

" میں سب کچھ جانتی ہوں"۔ پہلوان نے سوا گیارہ کا کیسہ زر اس کی نذر کیا اور ایک نقش لے کر رخصت ہو گیا۔

جب وہاں سے سب لوگ جا چکے تو اُس نے میری طرف توجہ کی۔
گھر واپس آکر میں بڑی دیر تک اُسی کے بارے میں سوچتی رہی کہ یہ روپ اُس نے کیسے اور کیوں دھار لیا —— ؟

پھر روزمرہ کے کاموں میں ایسے مصروف ہو گئی کہ اس سہیلی کا خیال بھی نہ رہا۔ کچھ دنوں بعد کالج بند ہو رہے تھے۔ گھر میں بچوں کے اصرار پر زُو کا پروگرام بنا۔ زُو سے واپسی پر جب پرانے پل پر گاڑی خراب ہو گئی تو میں نے سوچا کہ اس سہیلی سے مل لوں۔ چنانچہ گاڑی سے اتر کر میں نے اُس کے گھر پر

دستک دی۔ میری حیرت کی انتہا نہ رہی، جب موٹی موٹی مونچھوں والا پہلوان اندر سے برآمد ہوا۔ میں نے پوچھا: محترمہ پامسٹ ہیں۔؟
جواب ملا یہاں تو ہم رہتے ہیں۔ پامسٹ کہاں۔ اتنے میں اندر سے آواز آئی، اندر چلی آؤ ـــــ ارے تم ـــــ؟

اُسے دیکھ کر میں نے کہا، یہ کیا سوانگ ہے؟ تم تو ایک دم بدل گئیں۔ تمہارا وہ بورڈ اور پامسٹری کی کتابیں کیا ہوئیں۔؟

اس نے بہ تفصیل بتائی کہ پامسٹری کے چکر میں اس نے لوگوں کو کیسے کیسے سبز باغ دکھائے ـــــ کس طرح اس کا گھیراؤ ہوا۔
پتھراؤ ہوا۔ ـــــ وہ تو پہلوان میاں کا بیچ بچاؤ تھا جو زندہ بچ گئی۔

میں نے پہلوان میاں کی طرف دیکھا۔ وہ مونچھوں پر تاؤ دینے لگے۔
میں نے سہیلی سے پوچھا ـــــ اس پہلوان کی محبوبہ کا کیا ہوا ـــــ؟
سہیلی نے مسکرا کر سرگوشی کے انداز میں کہا:

میری پیشن گوئی اور تعویذ کے باوجود وہ محبوبہ اُسے نہ مل سکی، اور پہلوان صاحب میرے گلے کا تعویذ بن گئے ہیں۔

■■

١١٨

مُفت ہوئے بدنام

قانون کو اندھے کی لاٹھی کہا جاتا ہے۔ حالانکہ اِس لاٹھی سے اندھے کو اندھیرے میں بھی کوئی سہارا نہیں ملتا۔ قانون دراصل خود ایک اندھا دیو ہے جس کو آنکھ والے جس کو چاہتے ہیں جھپٹا دیتے ہیں اور جس کو چاہتے ہیں اس کی زد سے بچا لیتے ہیں۔ ویسے قانون کی عام فہم تعریف یہ ہے کہ انسانی حقوق اور جان و مال کے تحفظ کے لئے طاقت کی زبردستیوں کے خلاف یہ کمزوروں کا احتجاجی اقدام ہے لیکن چونکہ حکومت کو بھی اسی چھتری کے سایہ میں سکون و آرام ملتا ہے اس لئے قانون کی حسبِ ضرورت عمل آوری کے لئے اس نے مختلف عاملانہ خدمات کی تنظیم کی ہے۔ انہی میں سب سے موثر اور نمایاں (یونیفارم کی وجہ سے) پولیس ہے۔ یوں سمجھ لیجئے کہ قانون پولیس کی حراست میں ہے اور پولیس قانون کے شکنجے میں اور ان دونوں کی کشمکش کے نتیجے پر امن عامہ کی قسمت کا فیصلہ ہوتا ہے۔ اس صورتِ حال نے پولیس کو کچھ ایسی شہرتوں کی "بدنامی" دے رکھی ہے جس کو انھوں نے کمایا نہیں۔

بدنامی بھی تو ایک بڑی شہرت ہی ہے۔ بدنامی سے میری مراد خدانخواستہ رشوت ستانی یا ستم رانی نہیں۔ بس ایک قسم کی دہشت اِس محکمہ کے نام سے وابستہ ہوگئی ہے۔ یہ شاید یوں ہوا ہو کہ مائیں اپنے چھوٹے بچوں کو ڈرانے دھمکانے یا کسی کام کے کرنے سے روکنے کے لئے پولیس کا حوالہ دیتی رہی ہوں۔ "دیکھو پولیس والا آ رہا ہے۔"

یا پھر، "پولیس والے کو بلاؤں" ؟ ۔ اور بھلا مانس پولیس والا صرف چوروں، بدمعاشوں اور امن دشمنوں سے سمبندھ رکھنے کی بنا پر خود بھی اسی زمرہ کا ہوگیا۔ اب وہ فرشتہ کا بھیس بدلے بھی تو ـــــ وہی سمجھا جائے گا جو عام طور پر سمجھا جاتا ہے۔ یہ معاشرہ کی زیادتی ہے کہ جو چور کی سرکوبی کرے اسے ہی چور ٹھیرایا جائے۔

بات معمولی سی تھی، مسعود بھائی خوب تر روزگار کے سلسلے میں پرواز کے لئے پر تول رہے تھے۔ کافی غور و خوض کے بعد یہ طے پایا کہ یقیناً لندن میں ان کے لئے روزگار کے بہتر مواقع فراہم ہوسکتے ہیں۔ دن رات کی محنت کے بعد انھوں نے پاسپورٹ ویزا اور ساری ضروری کارروائیاں طے کرلیں۔ سسرال والوں نے انھیں روکنے کی بے حد کوشش کی۔ لیکن ہر ملک ملکِ ماست (سسرال نہیں) کہ ملک خدائے ماست کو پیشِ نظر رکھ کر انھوں نے قطعی ارادہ کرلیا۔ مایوس ہوکر گھر والوں نے ان کو خدا حافظ کہنے کی تیاریاں شروع کردیں، بیوی میکے گئی ہوئی تھیں اور ان کے ایک دوست کا تقاضہ تھا کہ وہ اور اُن کی بیوی رات کا کھانا اُن کے ساتھ کھائیں۔ امیر پیٹ بس اسٹاپ پر بس کا کافی انتظار کرنے کے بعد وہ بے بس ہوگئے اور ایک رکشہ والے کی آواز پر انھیں ایسے محسوس ہوا جیسے یہ رکشہ نہیں بلکہ ان کی سواری کے لئے آسمان سے اُڑن کھٹولہ اُتر آیا ہے۔ کیونکہ گھنٹوں انتظار کے باوجود بس نہیں ملی تھی، اور دھوپ میں کھڑے کھڑے وہ پارہ کی طرح بے چین ہورہے تھے۔ بہرحال وہ رکشہ میں سوار ہوگئے اور سفر گذاری کے لئے اخبار کھول لیا، کچھ ہی دیر بعد رکشہ والے نے نہایت ادب سے پوچھا:

"سرکار آپ کی اجازت ہو تو ایک اور سواری کو بٹھالوں"ـــــ امیر پیٹ سے نلہ کنٹہ کافی دور ہے۔ اس لئے انھوں نے سوچا، اخبار سے زیادہ ایک ہم سفر دلچسپ ثابت ہوگا۔ اس لئے رکشہ والے کو انھوں نے اجازت دے دی کہ کوئی مل جائے تو بٹھالے۔ رکشہ رک گیا۔ کوئی اُن کے بازو اس طرح آبیٹھا جیسے اُن کو رکشہ سے ڈھکیل کر باہر کردے گا۔ لیکن اب وہ اخبار بینی میں اس قدر محو ہوچکے تھے کہ اگر وہ رکشہ

سے نیچے بھی گر پڑتے تو ان کو پتہ نہ چلتا۔ رکشہ چلنے لگا، ہوا کے جھونکے اخبار سے پتنگ بازی کرنے لگے، اور کوئی بھاری بھر کم وجود اُن کا ہم نشین ہوگیا۔ باغ عام کے سامنے رکشہ رک گیا اور کافی دیر تک رُکا رہا اور پھر آگے بڑھ گیا، تھوڑی دیر بعد بشیر باغ پر پھر رکشہ رکا اور کچھ بحث مباحثہ کی آواز بھی ان کے کانوں میں آئی۔ لیکن اخبار نے ان کو کسی طرف دھیان دینے کی اجازت نہیں دی اور رکشہ پھر سے آگے بڑھ گیا۔

دیکھنے والوں نے دیکھا کہ رکشہ کے پیچھے ایک ٹیکسی دو خانگی گاڑیاں اور چار پردے کی رکشائیں لگ گئی ہیں۔ مسعود بھائی حسب حال اخبار بینی میں مصروف رہے اور انھیں خبر بھی نہیں ہوئی کہ ان کا رکشہ ایک جلوس کا "پیشرو" بنا ہوا ہے۔ رکشہ نارائن گوڑہ کے چوراہے کے ذرا آگے برکت پورہ کے راستہ پر ایک جھٹکے کے ساتھ رُک گیا۔ کیونکہ مخالف سمت سے آنے والی ایک موٹر نے اسے رُکنے پر مجبور کردیا۔ موٹر سے مسعود بھائی کی بیوی، ان کے بچے ان کے خسر اور دو ملازم حواس باختہ پریشان حال اُتر پڑے، بچوں نے چلّایا "ممی بابا کو رکشہ سے اُترنے نہیں دیتا وہ بدمعاش"۔ بچوں کی آواز سن کر مسعود بھائی چونکے اور اخبار پھینک کر رکشہ سے اُتر پڑے۔ وہ حیران تھے، کہ نارائن گوڑہ کے چوراہے پر دن کے تقریباً ۱۲ بجے ان کا سارا سسرال کیوں اکٹھا ہو گیا ہے۔ پردہ والے رکشہ سے اُن کی سالیاں اور دوسرے قریبی رشتہ دار اُتر پڑے وہ ہر ایک سے پوچھ رہے تھے کہ خدانخواستہ کیا کسی عزیز کو کچھ ہوگیا۔؟ کوئی حادثہ؟ آپ سب اس طرح سڑک پر کیوں کھڑے ہیں؟ کچھ تو کہئے۔ کیا بات ہے؟ بیوی نے بلبلاتے ہوئے کہا۔ "میں کیا مر گئی تھی؟ مجھ سے کہا ہوتا ——— ! آج تک کسی نہ کسی طرح آپ کی ضرورت کی تکمیل کرتی آئی۔ کیا اب نہ کرتی؟ وطن سے جاتے وقت تو یوں ہمارا منہ نہ کالا کیا ہوتا۔ کتنی دفعہ کہا کہ قرض نہ لو، لیکن یہ اجاڑ رقّی آپ سے کب چھوٹتی ہے۔ خدا ان جواری دوستوں کو جیل پہنچائے"۔

مسعود بھائی صورت حال کو سمجھنے کی کوشش کر رہے تھے۔ لیکن ایک کے بعد

ایک سارا خاندان اُبل پڑا، جس کے منہ میں جو آیا کہہ گزرا۔ خُسر صاحب نے تو یہ تک کہہ دیا کہ یہاں یہ حالت ہے تو لندن میں جانے میری بچی پر کیا بیتا توڑیں گے آپ ! مسعود بھائی کی سمجھ میں کچھ نہ آیا۔ وہ سر پکڑ کر بیٹھ گئے پھر ایک ملازم نے اصل واردات کا پتہ چلانے کے لئے رکشہ والے سے رازونیاز کی تمہید اٹھائی، رکشہ والے نے معصومانہ عاجزی کے ساتھ کہا :

"سرکار سے پوچھ کر ہی میں نے یہ دوسری سواری بٹھالی تھی۔ وہ بھی نلہ کنٹہ ہی کو جارہے تھے۔ مسعود بھائی نے سر اُٹھاکر دیکھا اور ان کے منہ سے نکلا۔ ہائیں، پولیس والا۔ اوخدا پولیس والا میرے ساتھ رکشہ میں —— میرا ہم سفر —— وہ اور میں —— میں اور وہ —— اور کچھ سوچنے لگے۔ امیر پیٹ سے برکت پورہ تک جس نے بھی مجھے پولیس والے کے ساتھ دیکھا ہوگا یقیناً مجرم ہی سمجھا ہوگا۔ باغ عام اور بشیر باغ پر جو رکشہ روکا گیا تھا، وہاں شاید میرے جرم کے بارے میں استفسار ہوا ہوگا۔ اور کسی تماش بین واقف کار نے ٹیلیفون پر میری گرفتاری کی اطلاع سسرال والوں کے گوش گذار کردی ہوگی۔ غضب ہوگیا ! میں ناکردہ گناہ —— ایک وردی پوش کی ہم جلیسی کے قصور میں دھر لیا گیا۔ اور وہ وہیں فٹ پاتھ پر بے ہوش ہوگئے اور پولیس والے نے رکشہ والے کو للکارا۔ چل بے، صاحب گھر سے لڑکر نکلے تھے۔ شاید اب ملاپ ہوگیا —— چل چل ——"

رکشہ والا بڑبڑاتا ہوا سوار ہوگیا۔ کس کا منہ دیکھ کے اٹھا تھا نہیں معلوم، صاحب کرایہ دیئے بغیر بے ہوش ہوگئے اور جمعدار صاحب سے کرایہ مانگوں گا تو مجھے بے ہوش ہونا پڑے گا —— !! ہوش —— بے ہوش —— ہٹ کے بازو سے جمعدار صاحب کی سواری ہے نلہ کنٹہ کی تیاری ہے —— ٹن ٹن ٹن ٹن —— !!!

اس شام قہقہوں کے بیچ مسعود بھائی کو سب نے مبارک باد دی کہ وہ بڑے

گھر کی سیر کئے بنا خیر و خوبی سے گھر پہنچے ۔ مسعود بھائی کی قسمیں ، صفائیاں سب بے کار گئیں ۔ اور آج تک مسعود بھائی کو سسرال والے ـــــ سمجھتے ہیں ـــــ ورنہ کیا بات کہ پولیس والا ساتھ تھا ـــــ ! اور میں سوچتی ہوں پولیس کا محکمہ کیا واقعی اتنا دہشت انگیز ہے ؟ کیا پولیس والا وردی پہن کر انسان نہیں رہتا ۔ کیا کسی پولیس والے کے بازو بیٹھنے سے شخصیت متاثر ہو سکتی ہے ؟ کیا اس کے بازو صرف مجرم ہی بیٹھ سکتا ہے ؟ مسعود بھائی کی وجہ سے پولیس والے کے وقار میں اضافہ کیوں نہیں ہوا ـــــ ؟

میں سمجھتی ہوں اگر ہر شریف آدمی کے ساتھ ایک پولیس والے کو لازمی طور پر منسلک کر دیا جائے تو چند دنوں میں عوامی بد ظنی کا خاطر خواہ ازالہ ہو جائے گا یا پھر مسعود بھائی ہی کو چند دن جیل میں رکھا جائے یہ ثابت کرنے کے لئے کہ شریف آدمی جیل میں رہے تو ضروری نہیں کہ وہ مجرم ہی ہو ـــــ !!!

■■

تو پھر کیا کرے کوئی

وہ جو ایک محاورہ ہے کہ گیدڑ کی موت پکارتی ہے تو شہر کی طرف بھاگتا ہے، بالکل اسی طرح ہمیں بھی اپنی موت بے آواز بلا رہی تھی جب ہی تو ہم نے ایک دفتر کی راہ لی ۔ اپنے کسی پرانے Pending بل کو پاس کرانے کے لئے ۔ سچ جانیئے یہ ہماری اِس نامعقول زندگی کا پہلا اور یقیناً آخری تجربہ تھا، جس کی روشنی میں ہم یارانِ نکتہ داں سے حلفیہ کہہ سکتے ہیں کہ وہ زندگی میں فرہاد و مجنوں تو بہ آسانی بن سکتے ہیں لیکن کسی کلرک کے ناز و ادا کا بوجھ نہیں اٹھا سکتے ۔ خدا کسی سخت جان دشمن کو بھی اس معرکے میں نہ ڈالے ۔

ٹھیک سوا گیارہ بجے ہم متعلقہ دفتر کے آہنی سلاخوں والے دروازے پر پہنچے ۔ وردی پوش اونگھتا دربان ہمیں اِن سلاخوں کے پیچھے غنودگی کے عالم میں نظر آیا ۔ بڑی مشکل سے اُس نے اپنی خمار آلود آنکھوں کو وا کیا اور ہماری سمت دیکھ کر پھر سے آنکھیں موندلیں ۔ گویا ہم کوئی نہ ہوئے ۔ ہم نے زنگ آلود سلاخوں کو دھیرے سے چھو کر آواز پیدا کرنے کی کوشش کی مگر دربان کی غنودگی کا عالم یہ تھا کہ گویا رات بھر، بیوی کی جوتیاں کھاتا رہا ۔ اور اب اپنی نیند پوری کرنے کی ٹھان لی ہے ۔ ہم نے اپنی چپل کو رگڑ کر آواز کی، تو اُس نے منھ اٹھایا، ہم نے پوچھا، سیلانی صاحب ہیں ؟ اُس نے آنکھوں کو کھولے بغیر نہیں کہہ دیا ۔ ہم نے عمرانی صاحب کو پوچھا تو نفی میں

گردن ہلادی اور جب ذرا سی جھنجھلاہٹ سے ہم نے عثمانی صاحب کو پوچھا تو، 'ہوں' کر کے دروازے کو وا کیا۔ اور اس موقعہ سے فائدہ اُٹھاتے ہوئے ہم اندر گھس پڑے۔ اب سوچ رہے تھے کہ کدھر جائیں —— دائیں جائیں یا بائیں۔

اِتنے میں ایک بے فکرا ہیرو ٹائپ چپراسی نظر آیا۔ اس سے ہم نے بلاارادہ پوچھ لیا، عثمانی صاحب کدھر ہیں؟ وہ فوراً دائیں طرف ہاتھ اٹھا کر اُدھر کہتا ہوا چلا گیا —— مختلف کمروں کے سامنے گزرتے ہوئے ہمارے قدم ایک دروازے پر رُک گئے۔ یہاں برسوں پہلے دیکھی ہوئی ایک شکل نظر آئی، مگر جس چہرے کے ساتھ کسی زمانے میں دُبلا پتلا مریل سا جسم لگا ہوتا تھا اس کی جگہ ایک لحیم شحیم تنومند جسم نے لے لی تھی۔ اُنھوں نے ہماری طرف مسکرا کر دیکھا گویا ہمیں پہچان لیا تھا۔ ہم میں ذرا سی جرأت پیدا ہوئی۔ اور ہمارے قدم سیدھے ان کی میز تک پہنچ گئے۔ بغیر سلام و دعا کے ایک ہی سانس میں ہم نے اپنا مدعا بیان کر دیا۔ انھوں نے سامنے سے گذرتے ہوئے ایک چپراسی کو پکار کر کہا کہ فلاں صاحب... آپ کے Bills Deal کر رہے ہیں، ان تک پہنچا دو۔ چپراسی نے قطعی ہمارے وجود کا نوٹس نہیں کیا اور مشینی انداز میں آگے چل پڑا۔ اور ہم بھی کل کے گھوڑے کی طرح اس کے نقشِ قدم کو چھوتے گذرنے لگے، یہاں تک کہ وہ ایک آہنی سلاخوں والے مقفل کمرے کے سامنے رُک گیا۔ اور ہم سے مخاطب ہوئے بغیر اُس نے اطلاع دی کہ یہ کمرہ ہے اور وہاں صاحب بیٹھے ہیں۔ ابھی آئے نہیں۔ آپ کہیں بیٹھ کر ان کا انتظار کیجئے۔ اور ہمارا جواب سُنے بغیر وہ رفو چکر ہو گیا۔ ہم نے اطراف واکناف کا جائزہ لینا شروع کیا کہ، کہاں بیٹھ کر انتظار کیا جاسکتا ہے۔ ہمارے سیدھے جانب سیلانی صاحب کے اجلاس کی وسیع میز اور کرسیاں تھیں۔ چھت پر پنکھا بھی لٹکتا نظر آیا۔ سوچا چلو اس گرمی میں یہیں بیٹھ کر آرام سے انتظار کریں۔ اور ہو سکتا ہے کہ اسی دوران میں سیلانی صاحب بھی آجائیں۔ چنانچہ ایک کرسی پر بہ انداز خوں چکیدن، سرنگوں بیٹھے رہے۔

خدا جانے یہ مراقبہ کب تک جاری رہتا کہ اتنے میں چپراسی ہماری پشت سے ہوکر گزرا، جو بلند آواز میں کوئی فلمی گیت گا رہا تھا۔ ہم پھر سے سنبھل کر بیٹھ گئے۔ گھڑی پر نظر ڈالی تو بارہ بجے تھے۔ پنکھا چلانے کی کوشش کی مگر وہ بھی اس دفتر کی کارکردگی کی روایت کے خلاف عمل کرنے تیار نہ تھا، اور ہم دل ہی دل میں اس کی وفاداری کے قائل ہو گئے۔ ہم نے دیکھا کہ اس کمرے کی ایک چوبی دیوار پر ایک بڑا سا کاغذ چسپاں ہے جس پر جلی حروف میں لکھا تھا:

دریافت اور ملاقات کے اوقات ۱۱ تا ۳ بجے شام۔

ہم نے دوبارہ گھڑی پر نظر ڈالی۔ ۱۲ بج کر ۵ منٹ ہوئے تھے، اور ساتھ ہی پشت سے سیلانی صاحب کی آواز آئی۔ کہئے کیسے آنا ہوا ——؟

ہم نے گڑبڑا کر پہلو بدلا اور اظہار مدعا کیا اور وہ سلام کرتے ہوئے اندر کی جانب جدھر سے ہم آئے تھے، چلے گئے۔ ۵۴ منٹ بعد وہ مسکراتے ہوئے آئے۔ ان کی کھسیانی مسکراہٹ گویا کہہ رہی تھی کہ آپ کا کام نہیں ہوا۔ چنانچہ انھوں نے متوقع جواب دیا کہ آج وہ متعلقہ کلرک ابھی تک نہیں آئے۔ آپ دو چار دن بعد —— تشریف لائیے یا فون کر دیجئے، بل واپس کرا دوں گا۔

ہم نے بادلِ ناخواستہ ان کا شکریہ ادا کیا۔ انھوں نے ازراہ ہمدردی ہماری صحت کے بارے میں رسمی انداز میں سوال کیا —— ہم جل گئے۔ بھلا اِس فرمائشی جملے کی کیا ضرورت تھی جب کہ ہم خود جیسے بھی تھے ان کے سامنے ہی تو تھے اور ہم سمجھتے ہیں کہ اس وقت تو ہماری صحت اچھی بھلی تھی اور اس قابل تھی کہ وہ کہتے "ماشاءاللہ آپ کی صحت تو خوب ہوگئی ہے۔"

اُٹھتے ہوئے ہم نے سوچا، کیوں نہ اس شناسا شکل کو ایک بار پھر دیکھ لیں اور پلٹ کر ہم اندر گئے۔ مقفل کمرہ جس کی نشان دہی چپراسی نے کی تھی، کھلا ہوا تھا۔ ہم دَرانہ اندر گھس آئے —— وہاں فائیلوں کے انبار کے درمیان ایک

پیلی بُشرٹ اور نیلی تنگ پتلون پڑی نظر آئی ۔ ہم تھوڑی دیر تک ۔اس پینٹ اور بُشرٹ کا جغرافیہ سمجھ نہ پائے، ہم نے اپنا حلق صاف کیا ۔ہماری اس کھنکار سے وہ لٹکتا ہوا ، بُشرٹ اور پینٹ لہرا اُٹھا ۔ اور اس میں سے آواز آئی " کیا چاہیئے ۔ ؟" ہم نے اپنا مدّعا بیان کیا ۔ مطلوبہ کلرک کا نام دُہرایا ، اس نے اسی سپاٹ انداز میں جواب دیا ۔ " آپ غلط جگہ پر ہیں ۔ اگلے کمرے میں جائیے ۔" اور پھر خاموشی چھا گئی ۔ ہم 'جی' کہہ کر باہر نکل آئے ۔اب جو دیکھتے ہیں ، وہ اگلا کمرہ تو اُس شناسا چہرہ کا تھا ۔ چنانچہ اندر پہنچ کر ہم نے اطمینان کی سانس لی ۔ اس ماحول میں ہمیں وہ فرشتہ معلوم ہوئے ، وہ ہمیں وہیں بیٹھنے کے لئے کہہ کر خود باہر چلے گئے۔ وہاں بیٹھ کر ہم نے اپنے بیگ کی تلاشی لی کہ کوئی پرانا اخبار ، کاغذ یا جنتری ہی نکل آئے کہ پڑھ کر وقت گذار لیں ۔ پانچ منٹ بعد ایک پستہ قد سیاہ فام صاحب نے تیزی سے ہمارے قریب آکر ہمارے وہاں بیٹھے رہنے کا مقصد پوچھا اور پھر ایک چپراسی کو پکار کر انھوں نے متعلقہ کلرک کو بُلانے کے لئے کہا ـــــــ اور خود چلے گئے ۔آدھ گھنٹہ بعد جب وہ چپراسی آیا تو ہم نے اُس سے پوچھا کہ ـــــــ بھئی اس کلرک کا کیا بنا ـــــــ ؟ ... جی ؟ ـــ وہ بوکھلا گیا ـــــــ

میں نے پھر اس کلرک کا نام دُہرایا تو اس نے کہا کہ ابھی وہ مجھے ملے نہیں آپ یہاں اِس میز پر آجائیے یہ اُن کی جگہ ہے ۔ میں پھر ان کو دیکھ کر آتا ہوں ۔ ہم نے فوراً وہاں سے چوبی پارٹیشن کی سمت قدم بڑھائے ، جہاں ہمارے مطلوبہ کلرک کی میز تھی ، اور اس خیال سے ہم آرام کے ساتھ ایک کرسی پر قبضہ جماکر بیٹھ رہے کہ آخر وہ گھر جانے سے پہلے ایک بار تو ضرور اس مقام پر آئے گا ۔ یہاں ہم نے اجنبیت کے احساس کو کم کرنے کے لئے کمرے کا جائزہ لینا شروع کیا ۔ دیوار سے لگی گھڑی ساڑھے چھ بجے رک گئی تھی ۔ ٹھیک اس گھڑی کے نیچے کلرک کی ایک ہاتھ والی کرسی رکھی تھی ۔ خدا جانے دوسرا ہاتھ کس حادثے کی نذر ہوگیا تھا ۔

میز پر فائیلوں کے ساتھ ایک طرف پانوں کی ڈبیہ، ٹفن بکس، اور سیاہ مخمل کی ٹوپی ایک دوسرے سے گتھم گتھا ہو رہے تھے۔ قریب ہی چار مینار سگریٹ کی ڈبیہ بھی ادھ کھلی پڑی تھی۔ ـــــ اب ہمیں صد فیصد یقین ہو گیا کہ وہ کلرک گھر سے چل کر دفتر تو پہنچ گیا ہے اور ہم نے باقاعدہ انتظار شروع کر دیا ـــــ قطعی غیر شاعرانہ انتظار ـــــ ! انتظار کے موضوع پر غالبؔ و میرؔ کے اشعار یاد کرنے کی کوشش کی، مگر کامیابی حاصل نہ ہو سکی۔ دونوں ہاتھوں کی ساری انگلیوں کے ناخن کاٹ ڈالے۔ رومال کا سیون اُدھیڑ دیا، انگلیاں چٹخائیں، یہاں تک کہ پاؤں کے ناخن کرید کر زخمی کر لئے، مگر پھر بھی انتظار ہے کہ ختم ہی نہیں ہوتا۔ بڑی دیر بعد وہ چپراسی نظر آیا۔ ہم نے سوالیہ نظروں سے اُس کی طرف دیکھا۔ اس نے شانِ بے نیازی سے جواب دیا۔ ـــــ چائے پینے گئے تھے۔ اب آ رہے ہیں ـــــ" اِس مژدۂ جانفزا کو سُنتے ہی ہمارے دل کی دھڑکنیں تیز ہونے لگیں۔ ہم سنبھل کر اپنے آپ کو اس طرح تیار کرنے لگے گویا P.M یا C.M کو انٹرویو دینے جا رہے ہیں۔ چہرے سے پسینہ صاف کیا۔ کھنکار کر حلق صاف کیا۔ اس لئے کہ کئی وقت اِس حلق کی وجہ سے ہمیں شرمندگی اٹھانی پڑی۔ ہم کھنکارے بغیر جب جوش میں بات شروع کرنا چاہتے ہیں تو اس سے بیک وقت ہارمونیم کے سُروں کی طرح تین چار آوازیں نکل پڑتی ہیں۔ یا پھر کبھی محض ہونٹ پھڑپھڑا کر رہ جاتے ہیں، اور آواز غائب، چنانچہ پہلے ہی ہم نے حلق صاف کر لیا۔ رومال سے دو چار وقت منہ کو گھس ڈالا اور سنبھل کر اس طرح بیٹھ گئے، گویا ہونے والے حملے کے لئے بالکل تیار ہیں۔ کچھ ہی دیر بعد مطلوبہ کلرک اپنے پیلے پیلے دانت نکالے، ڈھیلی ڈھالی کھادی کی شیروانی پہنے جس کی ساری گنڈیاں کھلی تھیں۔ سوالیہ نشان بنا کھڑا تھا۔ وضع قطع سے کسی ہراج خانے کا بولی پکارنے والا لگ رہا تھا۔ ہم نے اپنا نام اور غرض بیان کی۔ اس عرصہ میں وہ کسی کُھاگ سیاست داں کی طرح انکساری و عجز کا مظاہرہ کرتے ہوئے آڑے ٹیڑھے

ترچھے زاویئے بناتا ہوا اپنی کرسی تک پہنچ گیا اور بیٹھتے ہی اس نے اطمینان کی سانس لے کر اپنا سوال دُہرایا۔ "فرمائیے میں آپ کی کیا خدمت کرسکتا ہوں ــــــ" ؟ میں نے سوچا یہ شخص تو نہایت بیہودہ ہے گویا اس نے اب تک میری بات سُنی ہی نہیں۔ ــــ جل کر میں نے دانت پیستے ہوئے اپنا مطلب بیان کیا۔

اوہو ــــ جی جی ــــ کرتے ہوئے اس نے اپنی گھڑی پر نظر ڈالی، اور یوں کرسی سے اُچھل پڑا جیسے برقی تاروں کو چھُو لیا ہو۔ میں نے گھبرا کر اس کی شکل دیکھی تو وہ وحشت زدہ اور مکروہ نظر آنے لگا۔ قبل اس کے کہ ہم کچھ دریافت کرتے اس نے اپنا کالا مریل ہاتھ جس پر ایک صدی پُرانی گھڑی بندھی تھی ہمارے منھ کے قریب کرتے ہوئے کہا: "دیکھئے نا، نماز کا وقت ہو گیا۔ ہفتہ میں صرف ایک بار نماز پڑھتا ہوں۔ جمعہ کے دن ــــ اور آج جمعہ ہے۔ جماعت شروع ہونے میں صرف پانچ منٹ رہ گئے ہیں ــــ ایسا کیجئے ــــ آپ یہاں بیٹھئے۔ میں نماز سے فارغ ہولوں تو آکر آپ سے تفصیلی گفتگو کرلوں۔ ورنہ پھر منگل ــــ" ہم درمیان میں بول اٹھے: ــــ "جائیے نماز پڑھ آئیے۔ ہم یہیں بیٹھے آپ کا انتظار کریں گے انشاء اللہ آپ ہمیں صابروں میں پائیں گے ــــ" ہمارے آخری جملے کے طنز کو وہ خاک سمجھ نہ سکا، اور تیز تیز قدموں سے چلتا ہوا دفعان ہوا۔ ہم نے طے کرلیا کہ جب خاص طور پر اس بل کی کارروائی کے لئے رخصت اتفاقی لے چکے ہیں تو پھر واپس کیوں جائیں۔ اس کے بعد ہمارے انتظار کی گھڑیاں طویل سے طویل تر ہوتی گئیں۔ اب ہمیں اپنی کم عقلی پر بھی غصہ آنے لگا کہ رخصت لینے سے پہلے ہی کیوں نہ دیکھ لیا کہ جمعہ تو نہیں ہے کیونکہ جمعہ کو دفاتر برائے نام کھلتے ہیں۔ اور اس دن کو تعطیل کے دن کی طرح Treat کرتے ہیں۔ اپنی نادانی پر افسوس کرتے ہوئے ہر آہٹ پر نظریں لگا دیں۔ لیکن ہر بار وہ دروازے سے ٹکرا کر واپس آجاتیں۔ کچھ دیر بعد ہم نے محسوس کیا کہ ادھر سے ہو کر گزرنے والے ہماری طرف دیکھ کر زیرِلب مسکرانے لگتے یا پھر ان کے چہروں سے

ہمدردی کا اظہار ہوتا ہے۔ عاجز آکر ہم نے اپنی کرسی کا رُخ پلٹا لیا۔ اور پھر انتظار۔ جماہیوں پر جماہیاں لیتے لیتے جبڑوں میں شدید درد ہونے لگا۔ ــــ لگتا تھا ظالم ہفتہ بھر کی قضا اور اگلے ہفتہ کی پیشگی نمازیں ایک ساتھ پڑھنے لگا ہے۔ گھڑی پر نظر ڈالی تو ساڑھے تین بج رہے تھے۔ بھوک، پیاس اور غصہ سے حالت غیر تھی۔ قریب سے ایک چپراسی جاتا ہوا نظر آیا، تو ہم نے اس سے پانی مانگا۔ پانی کے ساتھ ہی ہمارا خیال اس ظالم کے ٹفن کی طرف گیا اور ہمارا دل دھک سے رہ گیا۔ وہ غائب تھا۔ تو اب وہ کھانا بھی زہر مار کر کے آئے گا۔ چپراسی کو شاید ہماری حالت پر رحم آگیا۔ اس نے میلی سی گلاس میں نیم گرم پانی دے کر ہماری طرف ہمدردی اور طنز بھری نظروں سے دیکھتا ہوا چلا گیا۔

خدا خدا کر کے چار بج کر دس منٹ پر وہ پندرہ بیس چھوٹے بڑے سائز کے آدمیوں میں گھرا ہوا کمرے میں داخل ہوا۔ اور یوں ہمارے وجود کو نظر انداز کر گیا گویا ہم وہاں موجود ہی نہیں ہیں۔ ہم نے اس کی اس بے نیازی پر دل ہی دل میں گالیاں دے ڈالیں۔ آتے ہی دوسروں سے گفتگو میں مصروف ہو گیا اور وقفہ وقفہ سے ہمیں قہر آلود نظروں سے دیکھتا بھی رہا۔ ہم بھی ڈھیٹ بنے بیٹھے رہے۔ پونے پانچ بجے اس نے ہم سے مخاطب ہو کر سوال کیا:

"ہاں تو فرمایئے میں آپ کی کیا خدمت کر سکتا ہوں ــــ؟" اور پھر اپنا بٹوہ کھول کر اس میں گم ہو گیا۔ پان، زردہ، چھالیہ، قوام جانے کیا کیا الم غلم زہر مار کرنے لگا۔ ــــ اور قبل اس کے کہ ہم اس کی خدمت کا ذکر کریں ــــ وہ "معاف کیجئے ابھی آیا ــــ" کہہ کر چھلاوے کی طرح غائب ہو گیا۔ ــــ ہم حیران کہ یا اللہ یا پروردگار آخر اس ظالم سے کس طرح نپٹا جا سکتا ہے۔ یہ تو "دریافت" سے آگے بڑھنے کا نام ہی نہیں لیتا۔ اور پانچ منٹ بعد وہ مکروہ مسکراہٹ لئے پھر نمودار ہوا اور معافی چاہتے ہوئے، کہنے لگا: "معاف کرنا

یں ذرا تھوکنے گیا تھا۔" اور ہم سوچنے لگے کہ پانچ منٹ کے عرصہ میں اس نے کتنی مقدار میں تھوک تھوکا ہوگا ــــ ؟؟؟

وہ پھر ہم سے مخاطب ہوکر کہنے لگا ــــ "ہاں تو فرمائیے میں آپ کی کیا خدمت کرسکتا ہوں ــــ ؟ اس مرتبہ تو جی چاہا کہ اپنا سر بھی پھوڑ لوں۔ یا اس ناہنجار کا سر دیوار سے ٹکرا کر پاش پاش کردوں ــــ ہم نے جواب دینے کے لئے نظریں اُٹھائیں تو اسے اپنے کام میں مصروف پایا۔ وہ اپنا ٹفن بکس، پانوں کا میلا بٹوہ، سگریٹ کی ڈبیہ سمیٹ رہا تھا۔ اور سیاہ مخملی ٹوپی کو تہہ کرکے شیروانی کی جیب میں ٹھونس رہا تھا۔ اور دوسرے ہاتھ سے شیروانی کی آخری گنڈی بند کر رہا تھا۔ ــــ گویا اب گھر جانے کے لئے تیار ہو گیا تھا۔

ہم نے کہنا شروع کیا ــــ "وہ بل" ــــ اس نامعقول نے فوراً گھڑی پر نظر ڈالی اور جھٹ سے کرسی سے اُٹھ کھڑا ہوگیا ــــ دیکھئے نا پانچ بجنے میں صرف پانچ منٹ رہ گئے ہیں ــــ میری بس کا ٹائم ہوگیا ــــ اگر یہ بس چھوٹ گئی تو پورے پینتالیس منٹ بعد دوسری بس ملے گی ــــ اور پھر میرا گھر بھی تو بہت دُور ہے، بس اسٹانڈ سے کافی پیدل چلنا پڑتا ہے۔ ــــ میں خواہ مخواہ لیٹ ہو جاؤں گا ــــ آپ ایسا کیجئے کہ پیر یا منگل ــــ نہیں منگل کو تشریف لائیے ــــ میں ــــ ضرور ــــ وہ اپنا جملہ پورا کئے بغیر نظروں سے اوجھل ہوگیا۔

■■

۱۳۱

اللہ میاں کی گائے

اُردو زبان میں ایک محاورہ ہے "اللہ میاں کی گائے" یہ ایسے لوگوں کے لئے استعمال کیا جاتا ہے جو سیدھے سادے، خدا کے نیک اور بے ضرر بندے ہوتے ہیں جن کے دل کینہ کپٹ اور بغض و عناد سے پاک، آئینہ کی طرح صاف و شفاف ہوتے ہیں۔ جن پر نام کو کسی کی طرف سے گرد و غبار نہیں ہوتا۔ کھنّہ صاحب سے جب بھی ملاقات ہوتی، میرے ذہن کے پردوں پر یہ محاورہ اُبھر آتا ہے۔

کھنّہ صاحب کی شخصیت بڑی پہلودار ہے۔ آئی، اے، ایس آفیسر کی حیثیت سے حکومت کے اہم محکمہ جات کی ذمہ داریوں کو انھوں نے بخوبی نبھایا۔ کرکٹ کے مشہور کھلاڑی اور کامنٹیٹر کی حیثیت سے نام کمایا، اور اردو کے مزاح نگاروں میں اونچا مقام حاصل کیا۔ اس تکونی شخصیت سے انصاف کرتے ہوئے "گائے پن" کو نبھانا کھنّہ صاحب ہی کا حصہ ہے۔ کیوں کہ شخصیت کے اِن تین پہلوؤں میں پوزیشن خصوصیات، عادات و اطوار، رفتار و گفتار، رہن سہن اور کسی اعتبار سے آپس میں دور کا بھی ایک دوسرے سے کوئی تعلق نظر نہیں آتا۔ آئی، اے، ایس آفیسر کی حاکمانہ شان و شکوہ رعب و دبدبہ، ثقہ پن اور مخصوص چال و چلن، آپ کو کرکٹ کھلاڑی میں ڈھونڈھے سے بھی نہیں ملے گا۔ اردو کے ادیب کی فاقہ مستی، اس کا معیارِ زندگی اس کی مسکینی اور افتادگی کا شائبہ تک کسی آئی، اے، ایس آفیسر یا کرکٹ کھلاڑی میں

نظر نہ آئے گا۔ بھارت میں کھنہ تو بے شمار ہوں گے لیکن بھارت چند جیسے کھنہ چند بھی نہ ملیں گے۔ نام کے تین اجزا کی طرح شہرت کے تین میدانوں نے ہمیں شبہ میں مبتلا کر رکھا تھا کہ یہ تین نام ایک ہی شخصیت کے ہیں۔

کرکٹ میچ میں مشہور کھلاڑی بھارت چند کھنہ کو دیکھنے کا ہمیں اشتیاق ضرور تھا، جنھوں نے کھیل کے میدان سے ریٹائر ہوکر کامنٹری کا شغل اختیار کر لیا تھا۔ لیکن ہماری یہ خواہش کبھی پوری نہ ہوسکی۔

کھنہ نمبر ۲ گورنر کے سکریٹری کی شخصیت ہمارے لئے قطعی غیر دلچسپ تھی کبھی بھول کر بھی اس آئی، اے، ایس آفیسر کے دیدار کی تمنا نہیں کی۔

کھنہ نمبر ۳ اردو کے مشہور مزاح نگار سے ہمارا تعارف مزاح نگاروں کی اس کانفرنس میں ہوا جس میں ہمیں مارکوٹ کر ادبی اجلاس کا معتمد بنا دیا گیا تھا۔ اور جب اس مزاح نگار کی پہلو دار شخصیت کا ہم پر راز کھلا تو حیران رہ گئے کہ بھلا ان تین "پیشوں" میں آپس میں کیا ربط ہوسکتا ہے۔

آئی، اے، ایس آفیسر، کھلاڑی اور مزاح نگار تین مختلف شخصیتوں کے آپس میں گڈمڈ ہوجانے کی وجہ سے کھنہ صاحب کی ایک منفرد اور نکھری، ستھری شخصیت عالمِ وجود میں آئی ہے۔ خلوص اور انکسار کھنہ صاحب کے کردار کی اہم خصوصیات ہیں سنجیدگی اور خاموشی نے آپ کو گھاٹے میں رکھا۔ کسی نے کچھ سمجھا تو کسی نے کچھ۔ آپ کے سینے میں ایک محبت بھرا دل دھڑکتا ہے جو دوسروں کو مسکراہٹیں بخشتا ہے۔ اور زندگی کی توانائی عطا کرتا ہے۔ اور اس زمانے میں جب کہ بقول شاعر ع

آدمی کو بھی میسّر نہیں انساں ہونا

کھنہ صاحب مجسّم انسانیت ہیں۔

پہلی نظر میں کھنہ صاحب مزاح نگار ہرگز دکھائی نہیں دیتے۔ اور وہ بھی اردو زبان کے ـــــ ! اس قدر نفیس اور نوک پلک سے درست جو پان سگریٹ کی

علت اور لپاڈگی کی عادتوں سے محروم، کسی اور زبان کا مزاح نگار ہو سکتا ہے۔ اُردو کا تو نہیں ہاں کھلاڑی ہونے کا شبہ ان پر ضرور ہوتا ہے۔ البتہ آفیسرانہ چال ڈھال سے ان کا آئی اے ایس آفیسر ہونا سمجھ میں آجاتا ہے۔

کھنہ صاحب عام مزاح نگاروں کی طرح نہ تو لطیفے تلاش کرتے پھرتے نظر آتے ہیں۔ اور نہ ہی محفلوں میں دوسروں سے سُنے ہوئے لطیفے سُنا سُنا کر بور کرتے ہیں۔ وہ گفتگو کے درمیان اپنے مضامین کے حوالے دے کر مزاح نگار ہونے کا دعویٰ بھی نہیں کرتے۔

وہ انتہائی کم گو ہیں۔ ان کے مخاطب کرنے کا انداز ٹھہرا ٹھہرا سا ہے۔ آواز میں دھیما پن اور ہلکی سی گونج بھی ——— اور لب و لہجہ اس قدر دل نشین کہ طبیعت خوش ہو جاتی ہے۔ میں نے کھنہ صاحب کو کبھی پھکڑپن سے اونچی آواز میں قہقہے لگاتے نہیں سنا۔ وہ اپنی دبیز مسکراہٹ سے قہقہوں کا کام لیتے ہیں۔ مضمون پڑھتے ہوں یا کسی سے گفتگو کر رہے ہوں۔ چہرے پر فرشتوں کی سی معصومیت پھیل جاتی ہے۔ مخصوص ملاقاتیوں کے آگے وہ اپنے کسی نئے مضمون کا ذکر رازدارانہ انداز میں اس طرح کرتے ہیں گویا اپنے کسی بھیانک جرم کا اعتراف کر رہے ہیں۔ زبان پر پنجابی کا اثر ہے لیکن آواز میں دکنی مٹھاس ——— !

کھنہ صاحب کی لغت میں شاید "نہیں" کا لفظ درج ہی نہیں ہے، تب ہی تو وہ کسی کو "نہیں" کہنا نہیں جانتے۔ ہر شخص جو تھوڑی بہت بھی آپ سے واقفیت رکھتا ہے آپ سے جائز و ناجائز فائدہ اٹھانا چاہتا ہے اور مجھے ایسا لگتا ہے کہ کھنہ صاحب، غالبؔ کے اس مصرع پر عمل پیرا ہیں۔ ع

اپنے پہ کر رہا ہوں قیاس اہلِ دہر کا

لیکن اس پُر آشوب زمانے میں غرض مند بھلا کہاں اس پیمانے پر پورے اترتے ہیں۔ نتیجہ یہ ہوتا ہے کہ کھنہ صاحب کی شرافت ان کے آڑے وقتوں میں کام آجاتی ہے اور وہ

ان کی حاجت روائی اس طرح کر گزرتے ہیں کہ کسی کو کانوں کان خبر نہیں ہوتی۔ اور ہو بھی کیسے۔؟ کسی کی سفارش کرنا ہو تو نامہ بر یا قاصد کے سہارے کے بغیر۔ ایک ذرا فون کے نمبر ڈایل کئے۔ اور کام بن گیا۔ !!

"با ادب بانصیب" شاید کھنہ صاحب نے اس کہاوت کو گرہ میں باندھ لیا ہے بڑے تو خیر بڑے ہی ٹھہرے۔ وہ اپنے سے چھوٹوں سے بھی اس قدر عزت واحترام سے پیش آتے ہیں کہ نامعقول انسان بھی خواہ مخواہ اپنے آپ کو قابلِ احترام سمجھنے لگتا ہے اور وہ یوں قمیص کا کالر درست کرتا ہوا اکڑ کر آس پاس دیکھنے لگتا ہے کہ گویا کہہ رہا ہو.... دیکھو کھنہ صاحب بھی مجھ سے جھک کر ملتے ہیں۔ مگر اس "خالی برتن" کو اتنی سمجھ کہاں کہ یہ اس کی بڑائی نہیں ہے بلکہ کھنہ صاحب کے کردار کی بلندی ہے —— !

رشید احمد صدیقی نے اپنی تصنیف "آشفتہ بیانی میری" میں ایک جگہ لکھا ہے۔ "اچھا کھلاڑی عموماً معقول آدمی ہوتا ہے"۔ رشید صاحب اگر کھنہ صاحب سے واقف ہوتے تو انھیں فوراً مثال کے طور پر پیش کرتے۔ رشید صاحب نے آگے چل کر لکھا ہے۔ "میرا خیال ہے کہ کھلاڑی اکثر قابلِ اعتبار ہوتا ہے، بالخصوص کرکٹ کا کھلاڑی"۔ اور کھنہ صاحب کے جو نہ صرف کھلاڑی بلکہ کرکٹ کے کھلاڑی ہیں "قابلِ اعتبار" ہونے کا اس سے بڑھ کر اور کیا ثبوت ہو سکتا ہے کہ وہ متواتر کئی سال سے زندہ دلان حیدرآباد کے بلا مقابلہ صدر منتخب ہو رہے ہیں۔ !

اب دیکھنا یہ ہے کہ کھیل کے میدان کا یہ شہسوار صحرائے ادب کی جادہ پیمائی میں کس حد تک مجنوں کی ہمسری کا دعویدار ہو سکتا ہے۔ ہم یقین کے ساتھ کہہ سکتے ہیں کہ کھنہ صاحب نے کھیل کے میدان میں بے شمار چھکے اور چوکے بلکہ سنچریاں بھی بنائی ہوں گی۔ جہاں تک ادب کے میدان کا تعلق ہے میں انھیں ایسا کھلاڑی سمجھتی ہوں جو کبھی ننانوے رن پر آوٹ ہوا ہے اور کبھی ڈک آوٹ ہو جاتا ہے۔ کبھی ایسا بھی ہوتا ہے، محفلوں میں اِدھر انھوں نے بیاٹ گھمائی، اور معلوم ہوا کہ مقابل کی ٹیم کی زبردست

فیلڈنگ نے کیچ آوٹ کردیا۔ اور وہ اسپورٹس مین اسپرٹ کے ساتھ " اچھا صاحب یوں ہی سہی، جانے دیجئے۔" کہتے ہوئے تھکے تھکے قدموں سے اپنی کرسی کی طرف چلے آتے ہیں۔ اور یوں اطمینان سے بیٹھ جاتے ہیں گویا اپنے آوٹ ہوجانے کا انھیں مطلق غم نہیں۔

ادبی جلسوں میں کھنہ صاحب" اوپننگ بیاٹس مین" کے طور پر پیش ہوں تو کامیاب ہوسکتے ہیں یا پھر وَن ڈاوُن یا ٹوڈاوُن کھلاڑی . . . . لیکن ان کی ڈاوُن ڈاوُن عمر کی وجہ سے انھیں عموماً آخری کھلاڑی بنایا جاتا ہے جب کہ کھیل کا سارا " سسپنس " ختم ہوجاتا ہے اور کھلاڑی کا ہر اسٹروک لوگوں کے دل و دماغ پر ہتھوڑے چلاتا ہے، لیکن ان کی یہی بزرگی ان جلسوں میں کام آتی ہے جہاں صرف خواتین جمع ہوں۔ خواتین ان کی تعریف میں کسی طرح کے بخل سے کام نہیں لیتیں۔ کیونکہ خواتین کسی ادیب خاتون کی تو تعریف نہیں کرسکتیں اور اسی طرح نوجوان ادیبوں کی تعریف بھی خطرے سے خالی نہیں ہوتی۔

کھنہ صاحب نے اپنے خود نوشت تعارف میں اس بات پر فخر کا اظہار کیا ہے کہ وہ ہندوستان کی واحد شخصیت ہیں جس کو کیمرج کرکٹ بلو ہونے کے ساتھ ساتھ انڈین ایڈمنسٹریشن سروس کا رکن ہونے کا اعزاز حاصل ہے۔ یہاں انھوں نے کسی قدر انکساری و بخل سے کام لیا ہے۔ اس میں ایک اور جملے کا اضافہ کیا جاسکتا ہے کہ انھیں ایک اچھے مزاح نگار ہونے کا فخر بھی حاصل ہے اور تین خوبیوں کا ایک جا مجتمع ہونا آسان بات نہیں ہے۔

(ماہنامہ شگوفہ۔ حیدرآباد۔ بھارت چند کھنہ نمبر۔ جنوری، فروری ۱۹۷۲ء)

لوتھر صاحب

قدیم زمانے میں یہ ہوتا تھا کہ کوئی شخص ایک مرتبہ جو پیشہ اختیار کر لیتا، مرتے دم تک اُسی کو سنبھالے رکھتا تھا۔ مثلاً یہ کہ اگر کوئی سپاہی ہوتا تو وہ کسی اور پیشہ کی طرف آنکھ اٹھا کر نہ دیکھتا۔ اور اپنی تمام تر صلاحیتیں اور قوتیں اِس میں صرف کر دیتا۔ شاعر ہوتا تو بس ساری زندگی شاعری کرتے گزار دیتا، خواہ بھوکوں مرنا پڑے، فاقے کرنے پڑیں۔۔ مگر کیا مجال جو دوسرے پیشے سے روزی روٹی کا بندوبست کر کے اپنا اور اپنے بال بچوں کا پیٹ بھرے۔ دُور کیوں جائیے، آپ کے ہمارے جانے پہچانے مرزا غالب ہی کی مثال لیجئے۔ سو پشت سے پیشۂ آبا، سپہ گری ہوتے ہوئے بھی جب ایک بار اپنے موروثی پیشہ کو ترک کر کے، پیشہ شاعری اختیار کیا تو پھر پیچھے پلٹ کر انھوں نے اس کی طرف نگاہ نہ ڈالی۔ حالانکہ قرض کی شراب پیتے رہے اور جب لوگوں نے قرض دینا بند کر دیا تو دعوتِ آب وہوا کے لئے خرقہ وسجادہ کو بھی رہن رکھوانا گوارا کر لیا۔! جسمانی ساخت کے اعتبار سے وہ اِس قابل تھے کہ اگر قلم رکھ کر تلوار اُٹھا لیتے۔ تو موروثی پیشہ میں ضرور کوئی اعلیٰ عہدہ حاصل کر لیتے، مگر وضع داری بھی تو کوئی چیز ہوتی ہے۔ مرتے مرگئے ——— ساری زندگی قرض خواہوں کی کڑوی کسیلی سُنتے رہے مگر کیا مجال جو کسی اور پیشہ کی طرف نظر اُٹھا کر دیکھا بھی ہو۔!!

مگر آج ہم یہ دیکھتے ہیں یہ احساس، یہ وضع داری بالکل جاتی رہی ———

ادب تو Noman's Land کی طرح ہوگیا ہے جس کا جی چاہا، منہ اُٹھائے گھُسا چلا آتا ہے، سب سے پہلے تو ڈاکٹروں نے چوری چھپے دائم المریض ادیبوں اور شاعروں کا علاج کرتے کرتے ان کا سہارا لے کر ادب میں دخل در معقولات شروع کی۔ یہاں تک کہ بعض ہٹ دھرم ڈاکٹروں نے باقاعدہ طور پر مریضوں کو ڈرا دھمکا کر اور کبھی مفت علاج کا لالچ دے کر ادیب اور شاعر کا لیبل لگا ہی لیا۔

اور اب —— ایک اور گروہ I.A.S آفیسروں کا پیدا ہوگیا ہے جو دفتر میں اپنے حصے کی فائلوں کے انبار بھی اپنے اسسٹنٹس کے حوالے کر کے ادیبوں اور شاعروں کو مسکرا مسکرا کر اپنے اجلاس پر بڑھاوا دے کر آہستہ آہستہ ادب میں اپنی جگہ بنا رہے ہیں پہلے بھارت چند کھنہ، پھر خواجہ عبد الغفور اور اب نریندر لوتھر ادب کے میدان میں زور آزمائی کرنے کے لئے اتر آئے ہیں۔ ان کو دیکھ کر دوسرے آئی، اے، ایس آفیسروں نے بھی نبرد آزما ہونے کی کوشش کی۔ لیکن بہت جلد وہ اس نتیجہ پر پہنچے کہ بھارت چند کھنہ خواجہ عبد الغفور اور نریندر لوتھر صرف آئی، اے، ایس ہونے کی وجہ سے ادیب نہیں کہلائے بلکہ ادب ان کی شخصیتوں میں رچ بس چکا ہے۔ ان کا آئی، اے، ایس ہو جانا تو محض اتفاقات سے ہے۔ بنیادی طور پر یہ تینوں انسان دوست، وسیع النظر ادیب ہیں۔ اگر یہ آئی، اے، ایس نہ ہوتے تو ادیب ضرور ہوتے۔ بلکہ یہ کہئے تو بے جا نہ ہوگا کہ فائلوں نے ان کی تخلیقی صلاحیتوں کو نقصان پہنچایا۔ ورنہ ادیبوں میں ان کا ثانی نہ ہوتا۔

لوتھر صاحب سے میری جملہ چار ملاقاتیں ہوئیں۔ ان چاروں ملاقاتوں کا مجموعی Duration ۹۵ منٹ سے زیادہ نہیں ہے۔ اِس اجمال کی تفصیل کچھ یوں ہے کہ پہلی ملاقات صرف پانچ منٹ کی، دوسری، تیسری اور چوتھی بار زیادہ سے زیادہ تیس ۳۰ منٹ فی ملاقات کا حساب پڑتا ہے، لیکن اِس کے باوجود میں نے ان پر قلم اٹھانے کی ہمت کی ہے۔

کئی سال قبل ہمارے ایک پڑوسی کی وساطت سے لوتھر صاحب سے تعارف

عمل ہوا۔ یہ اس صبح کی بات ہے جس کی شام لوتھر صاحب کے مضامین کے مجموعہ "بند کواڑ" کی رسم اجرا اردو ہال میں انجام دی جانے والی تھی۔ صبح صبح لوتھر صاحب کا مجھ سے یہ کہہ کر تعارف کروایا گیا۔ "یہ بند کواڑ کے مصنف نریندر لوتھر ہیں ــــــ

باوجود اس کے کہ تعارف کروانے والے صاحب کی آواز گونجیلی، الفاظ نہایت واضح اور صاف تھے، مگر پھر بھی ذہن ان الفاظ کی پذیرائی کے لئے تیار ہی نہ تھا۔ بھلا یہ مصنف کیسے ہو سکتے ہیں؟ کیوں کر ہو سکتے ہیں ــــ !! ان میں مصنفوں والی ایک بھی تو بات نہ تھی۔ نہ ان کے چہرے پر پھٹکار، نہ ان کا لباس بوسیدہ، نہ ان کی کمر خمیدہ، نہ ان کا حلیہ فاقہ زدہ، نہ ان کے دانت میلے، نہ ہی ان کے میل سے بھرے ہوئے ناخن۔ پھر یہ بھلا مصنف کیوں کر ہو سکتے ہیں۔ میرے سامنے صاف ستھرے، تازہ دم، آسودہ حال، خوش پوش، نفیس اور قیمتی لباس میں ملبوس۔ چھینپے چھینپے سے لوتھر صاحب تشریف فرما تھے۔ دل نے گواہی دی ــــ یہ انگریزی زبان کے ادیب ہو سکتے ہیں، اردو کے تو قطعی نہیں۔ کیوں کہ جو محرومی، کس میرسی اور نکبت و زبوں حالی اردو والوں کے حصے میں آئی ہے، ان سے وہ قطعی بیگانہ تھے۔ بہرحال میرے سلام کے جواب میں، میں نے دیکھا کہ ان کے نرم و نازک نقوش والے چہرے پر ہنسی کی لہر دوڑ گئی۔ "بڑی خوشی ہوئی آپ سے مل کر۔" رسمی سا جملہ ادا کر کے گویا انھوں نے مجھ سے جان چھڑانی چاہی۔ اور شام کی محفل میں شرکت کا وعدہ کر کے میں اپنے گھر چلی آئی۔ یہ تھی پہلی اور اس دور کی آخری ملاقات۔ آخری ان معنوں میں کہ اس کے کچھ عرصہ بعد لوتھر صاحب کا تبادلہ ہو گیا تھا۔ اور وہ شہر سے باہر چلے گئے تھے۔ اور جب وہ دوبارہ یہاں آئے تو ہمارے پڑوسی دیس چھوڑ کر پردیس کے ہو رہے تھے۔

ایک دن اچانک زندہ دلانِ حیدرآباد کی ایک میٹنگ میں لوتھر صاحب نظر آگئے۔ یقین ہی نہ آتا تھا کہ لوتھر صاحب یوں کمرہ نمبر ۲۷ پر مسکراتے لجاتے، سگار کے کش لگاتے مل جائیں گے۔ میٹنگ کے اختتام پر معتمد عمومی نے تعارف کروایا تو میں نے

محسوس کیا کہ انھوں نے مجھے پہچانا نہیں ۔ مگر پھر بھی اپنی مخصوص مسکراہٹ سے خواہ مخواہ یہ ظاہر کرنا چاہتے تھے کہ میں اُن کے لئے اجنبی نہیں ہوں ۔ میں نے اپنے پڑوسی کے حوالے سے یاددہانی کروائی تو بے چین سے ہوکر یاد کرنے کی کوشش کرنے لگے ۔ دبیز مسکراہٹ کے پردے میں ماضی میں کھو سے گئے ۔ اور پھر چند لمحوں بعد چہرے پر بچوں کی سی معصوم خوشی پھیل گئی اور کہنے لگے ،

"ہاں جی ہاں ! خوب یاد آیا ۔ پہچان لیا میں نے !" اور اِس مرتبہ چہرے سے صداقت بھی عیاں تھی ۔

تیسری ملاقات بھی زندہ دلان کی میٹنگ میں ہوئی ۔ اس میٹنگ میں بعض ارکان میں آپس میں تلخ الفاظ کا تبادلہ شروع ہوگیا ۔ فضا مکدّر سی ہونے لگی تھی ۔ لوتھر صاحب سگار منہ میں دبائے ، آنکھیں موندے ، زیرِ لب لطیفے سُنا کر دونوں پارٹیوں کے جذبات کو ٹھنڈا کرنے کی کوشش میں لگ گئے ۔ اور دس منٹ کے اندر انھوں نے ماحول کو بدل کر رکھ دیا ۔

چوتھی ملاقات حال ہی میں زندہ دلان کی کل ہند کانفرنس کے اُس اجلاس میں ہوئی جس میں زندہ دلان کی مطبوعات کی رسم اجرا ہو رہی تھی ۔ میٹنگ ختم ہونے کے بعد کچھ دیر باتیں ہوئیں ۔ یہ نسبتاً خوشگوار ملاقات تھی ۔ اس لئے کہ اس دوران مجھے ان کی چند خصوصیات کا اندازہ ہوا ۔ میں نے محسوس کیا کہ لوتھر صاحب انتہائی سادہ مزاج اور کھلے دل و دماغ کے مالک ہیں ۔ اپنے کسی غیر مطبوعہ مضمون کے بارے میں جس فراخ دلی سے گفتگو کی اور مجھ سے مشورہ لیا ، اس سے ظاہر ہو رہا تھا ، کہ وہ اپنے سے کم عمر والوں کی بھی عزت کرنا جانتے ہیں ۔ لوتھر صاحب اپنے ہم عصر ہم میدان ادیبوں کی نہ صرف قدر کرتے ہیں بلکہ جی کھول کر ان کو سراہتے بھی ہیں ۔

لوتھر صاحب کی شخصیت بڑی پہلودار اور تہہ دار ہے ۔ وہ مختلف النوع مصروفیات کے آدمی ہیں ۔ بحیثیت آئی ، اے ، ایس آفیسر وہ خواہ مخواہ کسی پر دھونس نہیں جماتے

۱۴۰

بلکہ ہر وقت اس کوشش میں رہتے ہیں کہ ہر ایک کی مدد کریں، رہنمائی کریں، اور دلوں میں جگہ پیدا کریں۔

بھارت چند کھنہ اور رشید قریشی کی طرح یہ بھی اپنی بیوی کے مارے ہوئے نظر آتے ہیں۔ اکثر مضامین کی تخلیق کا سہرا انھوں نے بھی اپنی بیوی ہی کے سر باندھا ہے۔ اور اس بات کا فراخ دلی سے اپنے ایک مضمون میں اعتراف کیا ہے کہ وہ بیوی زدہ شوہر ہیں۔

نائب صدر کی حیثیت سے زندہ دلان حیدرآباد کی میٹنگوں میں مستقل مسکراتے رہنا، صدر صاحب کی ہاں میں ہاں ملاتے رہنا اور گرم ہونے والوں پر خاص طور پر اپنی مسکراہٹ نچھاور کرنا لوتھر صاحب کی اہم خصوصیات ہیں۔

■■

(ماہنامہ شگوفہ حیدرآباد۔ نریندر لوتھر نمبر۔ ستمبر ۱۹۷۳ء)